フランス女性は80歳でも恋をする

野口雅子

幻冬舎

まえがき

私が初めてフランスに旅をしたのは20代半ばの頃。

ヨーロッパの国々を回るツアーに参加、その後、ひとりパリで3日間だけ過ごしたのです。

その時、私の心を捉えたのは、観光名所よりも何気ないパリの住宅街に建ち並ぶアパルトマンの風景でした。

(あの建物の中にはどんな暮らしがあるのだろう?)

と思ったのが、私がフランスに暮らすようになった原点でした。直感的にパリの街は旅で訪れるところではなく、住むところだと感じたのです。


そのずっと後で、それは事実となりました。


「もし幸運にも、青年時代にパリで暮らすことができたなら、その後の人生をどこで過ごそうとも、パリはついてくる。パリは移動祝祭日だからだ」

とは有名なヘミングウェイのことばですが、青年時代が終わる頃になって、私はパリで暮らすことを思い立ったというわけです。

ところが人生とは不思議なもの。

ある会合で出会った、ちょっと風変わりなフランス人の音楽家。芸術を愛する私ですが、芸術家と恋愛したいとは思っていなかった、いえ、それどころか一番避けたい職業の男性でしたが、結局、彼と結婚したのです。

そして気がつくとパリ在住は20年余りとなり、日本とフランスを往復するようになってからは30年以上もの歳月が流れました。

まったく、時の流れの速さにはめまいがしそうです！

元工房を住居に改造した築１００年余りの夫のアトリエに住み始めると、そこにはやはり夫と同じように風変わりな人々が集まってきました。やはり、類は友を呼ぶのですね。

次々にヒット作を発表する今をときめく映画監督、演劇学校を主宰している舞台俳優や売れないミュージシャン、ジャーナリストなど。

世間的に成功しているかどうかではなく、クリエイティヴで自由であることを何よりも大切にしている人たち。

そんな中で素敵なフランス女性たちとの出会いもありました。夫の交友関係を通して知り合ったり、以前、ホームステイしていた貴族の家でマダムと友人となり、そこから関係が広がっていったり。そして彼女たちとの出会いこそが、私を変えました。

可愛くあること、若くいようと頑張ることとは正反対の彼女たちの生き方に深く感動を覚えたのです。

私が出会ったフランス女性たちは、何よりも自然体でいながら華がある。年齢なんて気にしません。

「どうして年を数えるの？　それはできなかったこと、後悔を数えるのと同じよ。数えることは他にあるわ！　来年のヴァカンスの日程とかね」

友人のヴァレリーは言います。

彼女たちはいくつであってもお洒落をして、日々、美しく暮らしているのです。それも大したお金もかけず、もちろん血のにじむような努力をしているようにも見えません。

服でもアクセサリーでも本当に気に入ったものなら何十年でも身につける。ブランドや流行にこだわらない。

新品を定価で買うという発想ではなく、リサイクルショップを活用したり、自分で作ってしまう。見えないところにこそこだわる、お金をかけるところとそうでないところにメリハリをつける、など。


彼女たちを観察しているうちに、それは自分自身を受け入れているからではと思うようになりました。

「他の誰かのようになりたい」のではなく「自分らしくいたい」のです。それも最高の自分に。そのための努力は惜しみませんが、肩肘張らずに楽しんでいるのです。

思うに一致団結ではなく皆がバラバラの方向を向いているのが普通という国民性ゆえか、フランス女性が生まれ持ったコケットリーなのか、「私は私」という個人主義が徹底しているのでしょう。

実際、モテる人、魅力的だなと思える人が生まれつきの美女というわけでも、特別経済的に恵まれているというわけでもありませんでした。

それでも、特別な存在になれるのです。

彼女たちは、妻であったり母であったり、もしくはパートナーと別れてシングルだったりするのですが、状況は変われど、常に「ひとりの女性」なのです。

年を重ねてもいつまでも美しく枯れない魅力の泉を探し当てたのだと思いました。

その秘訣を知りたい、と私は思いました。

エレガンスとは？　真の美しさとは？　魅力とは？

その答えは内面でした。内面の美しさが外見と融合するのです。

それなら、どちらか、いえ同時に磨けばいいではありませんか。

怖れることは何もありません。

遅過ぎるということは決してありません。

愛することも、旅立つことも、自分の好きなことをすることも。

彼女たちの影響で、今では私は自分自身でいることが心地よいと感じられるようになりました。

年を重ねる恐怖よりも、これから何をしようかしら？　と考えてワクワクしています。

フランス女性のように年齢と共にますます魅力を増す秘訣、自然体で老け込まない秘訣、本書ではぜひ、それをあなたにもお伝えできればと思います。

第1章

年を重ねるごとに魅力を増す技術

第2章

美しいひとは孤独を楽しむ

第3章

愛はままならないもの

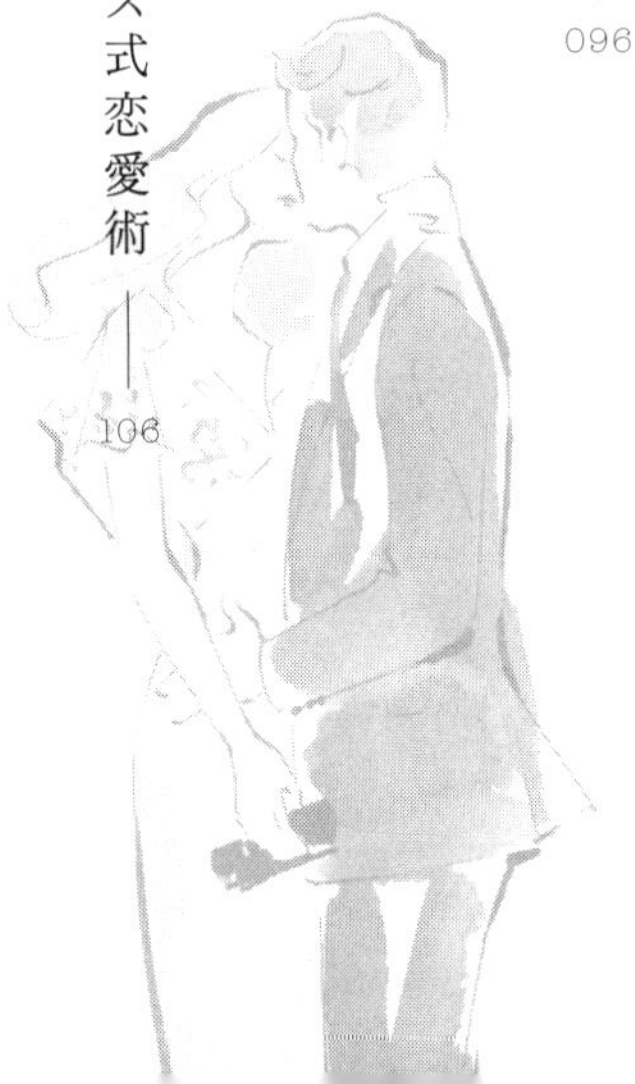

第4章

美人オーラは自分で創る

第5章

フランス式 生活を楽しむ術

第1章

年を重ねるごとに魅力を増す技術

フランス女性は、生涯現役で女を捨てない

以前、私が住んでいたアパルトマンの隣人だった90歳の**マダム・コンシニー**は、決して「おばあちゃん」ではなく、まぎれもなく「女」でした。

私は毎朝、近所のパン屋さんまでパンを買いに行くのが日課でした。焼きたてのパンに季節の果物、カフェ・オレがあれば、幸せな朝食です。

ある朝、いつものようにパンを買って自分の部屋に入ろうとしていると、隣室のドアが開き、

「ああ、その焼きたてのクロワッサンの匂い、たまらないわ！　私にも今度買ってきてくださらない？」

と声をかけてきた女性。

それが、マダム・コンシニーです。

朝の8時前だというのに、きちんとセットされたグレイの髪。80代くらいかしら、ちょっと日本ではお目にかかれないタイプの女性だなと思いました。

以来、週に何度か、バゲットやクロワッサンなど、彼女の分も買って届けにいくようになったのです。

マダム・コンシニーは、いつも手入れの行き届いたお洒落をしていました。聞けば、毎朝、きれいなランジェリーを選ぶことから始めて身支度を整え、鏡の前で口紅をつけて完成、とのこと。その儀式を午前8時には終えているのです。どこにも出かける予定がなくても、誰かと会う予定がなくても、変えることなく。

働いているわけではないのですし、彼女は終日、家にいることが多かったはずです。

それなのに、毎日、お洒落を忘れない、その心意気こそが「女を捨てていない」証拠です。90歳でランジェリーから始める!? まさか、と最初は思いましたが、真冬にピンクのペディキュアをしているのを見ると納得です。

「今夜はディナーに招かれているのよ。ムッシューが迎えに来るわ」

ある日のこと、彼女は目を輝かせて言いました。黒のレースのミモレ丈のドレスに宝石が映えて、その姿はエレガントな貴婦人そのもの。

親類の若い男性にエスコートされながら、杖をつき、ゆっくり階段を下りて車に乗って出かけていく姿には威厳がありました。

「いつもきれいにしていていいですね。その秘密は何でしょうか」と訊《き》いたことがあります。すると「あら、当然でしょう。だって、人生、いつ何があるかわからないでしょう?」と。続けて「いつ新しいアマン（恋人）に出会うか、わからないじゃないの」といたずらっぽく笑って、さらに私を驚かせるのでした。

フランス風のジョークかもしれませんが、いくつであっても女を捨てない、そのパワーには圧倒されます。

90歳まで私が生きていたら、そんな生き方ができるだろうかと自問すると、きっと、遺品分けやお墓など人生の最期を迎える準備をしているような気がしました。何てロマンがない考え方なのだろう、と我ながら苦笑しました。それではいけません。

いくつであっても、生きている間は、活き活きと生きていたいものです。

女を捨てないためには、お洒落心を忘れないことです。

毎朝、鏡の前で口紅をひく、というひと手間を惜しまないで。

そして、もうひとつは気持ちの持ちようだと感じます。

「いつ、どんないいことがあるかわからない」

マダム・コンシニーのように、未来に期待する気持ちがあると、老け込んではいられませんよね。

※

パリ７区にあるオルセー美術館は、元は駅だったのを改装したユニークな建物です。

印象派の絵画のコレクションでも有名なこの美術館には、1年を通して世界中から観光客が訪れます。ある日のこと、友人の**カリーナ**が、この美術館で行われていたエクスポジション（展覧会）に誘ってくれました。展覧会を鑑賞した後、近くにあるカフェのテラスで、お茶を飲んで帰ることにしました。その日は春というにはまだ少し肌寒かったのですが、太陽が眩しく輝き、申し分のない天気でした。こんな日は、皆、太陽をよけようとはしません。カフェでも、日差しの当たるテラス席が人気です。

カリーナと私も、サングラスをかけてテラス席に並んで腰を下ろしました（私がひとりだったら、日陰の席に座るでしょう）。

シルクのブラウスに、カシミアのカーディガン、ウールのスカート、靴やバッグも淡いクリーム色から砂漠の砂のようなサンド・ベージュ、茶色に近いベージュまで、その日の彼女はベージュの濃淡でまとめた、シックな装い。

そんな中で、シフォンの大判のストール、短く切り揃えられた爪に塗られたマニキュア、そして手にしているキー・ホルダーの革の赤が差し色に使われた、心憎いお洒落です。白髪まじりのブロンドの髪をシニヨンにして、筋張った脚を組んで座っている彼女は、「カッコいい！」のひと言。カリーナは、セーヌ川沿いのアパルトマンに住んでいる60代後半の未亡人ですが、年齢不詳のムードが漂っています。そして、ドキリとするほど「女」を感じさせるのです。

ハスキーな声で語られるのは、裕福な暮らしぶりや、息子さんやお孫さんの自慢話ではありません。決して、自分の幸せを見せびらかしたりしない人なのです。

私たちは、エクスポジションのテーマだったイギリス人の画家やその時代の英国の文学や詩について、夏のヴァカンスはどこに行くか、この時間だったらカフェじゃなくてアペリティフ（食前酒）かシャンパンを頼めば良かったわね、などと、とりとめのない話をしていました。

すると、どこからか「お美しいマダム、そしてマドモアゼル（何と私のことです！）。あなた方のために、シャンパンをごちそうさせていただくことを私に許してくださいますか」という声がしました。フランス語の複雑な言い回しが心地よく美しく響きます。「ではどうぞ、ボンヌ・ソワレ（良い夕べを）」。長身のグレーのロングコートを着た40歳位の男性が言い、あっという間に去って行ったのでした。その顔は黒いサングラスで覆われていましたが、端正でエレガントな男性でした。

そして私たちの前には、シャンパンのグラスが運ばれてきました。

「あちらにいたムッシューからですよ」とギャルソンは言い、カリーナは黙って頷いていただけ。

「突然のことで、お礼を言う暇もなかったわね」

シャンパンをごちそうに与《あずか》った私が言うと、「よくあることよ。気にしなくてもいいの」と答えたカリーナのコケティッシュな表情。

「彼はきっとリュス（ロシア人）ね。あのチャーミングなアクセント、それにキュイール（革）の香りがするコロン……」

そういえば、そんな名前のシャネルの香水（キュイール・ドゥ・ルシー）があったような。

何だか、このストーリーには続きがあるのかしら。

カリーナとあの男性の間には本当に恋が始まるのかも？　と想像してしまいました。

「人生、何があるかわからないでしょう？」

それはマダム・コンシニーからも聞いた言葉でした。

この人たちは、皆、芝居がかっている……と私は思いました。

「人生は舞台、人は皆、役者」とは演劇の国、英国が生んだシェイクスピアの言葉ですが、パリのカフェという舞台でも、皆、それぞれの役割を知り、登場人物を演じているようです。

マダム・コンシニーやカリーナのように、「いくつであっても、生涯現役で女を捨てない」ステージに立つと、それに相応《ふさわ》しいセットや役者が揃うのでしょう。

年齢より先に数えるべきこととは？

ひとつだけはっきりしていることは、フランス人は日本人ほど年齢を気にしないのです。他人の年齢も、自分の年齢も。それも男女を問わずです。

あの人は○歳だから、私は○歳だから、と、まず年齢で他人や自分を判断するようなことはありません。

人の年齢も尋ねないし、自分から申告する必要もない。長くつき合っていても、その人のはっきりした年は知らないということもよくあります。

その人が年齢より若々しいといった、そんな評価自体がないのです。

友人の50歳の誕生パーティーに招かれたことがありましたが、パーティーの間中、誰も年齢の話はしていませんでした。

本人からも50歳になりまして……なんてスピーチもなし。

また、知人の奥さんの誕生パーティーでは、彼女の年齢はわかりませんでしたが、「彼女は年を隠していて変だ」なんて別に誰も言いません。そもそも関心がないのです。ケーキにはろうそくが1本。大切なことは彼女が何歳になったかではありませんよね。

フランスにいれば、こんな風に生きられるのですが、日本では今のところなかなかそうはいかないでしょう。

日本は、その人と年齢がセットになっていますよね。

「名前の後についている（49）って何のこと？」

以前、フランス人の夫から尋ねられました。テレビや雑誌、新聞などを見たのでしょう。フランス人にとっては不思議だったらしいのです。

「年齢に決まってるじゃない」

私が答えると、

「そうか。アメリカで大事な数字は年収10万ドルとか金で、日本では年というわけなんだな」

と頷いています。

私はそれって当たっているかもと思いながらも、ちょっと気分を害して、

「じゃあ、フランスではどうなの?」

と訊いてみました。

夫はちょっと考えこむようにして、

「うーん、何だろう?　数字ではない何かだろうね」

と答えたのです。

数字以外の何か。今度は私が考えこむ番でした。


そんな時、日本の女性誌をめくっていたら、インタビューで女優さんが自分の年齢について語っていました。
○歳になったことで、何が変わったかを話しているのです。

フランスでは、女優さんが自分の年齢について、それほどまでに語ることはないですね。

日本では正直が美徳とされる文化があるので、年齢を隠さないことがよしとされるのでしょうか。四十路、還暦といった言葉もありますし、いつもどこかで年齢を意識してしまうのかも。

でも、そろそろ私たちも年齢からスタートする考え方自体を変えた方がいいでしょう。

大切なのは年齢ではありません。人間として魅力的かどうかですよね。シンプルにいきましょう。

自分を最優先に考える

私たちは、無意識に他人にどう映るかを気にしてしまうことがあります。でも「私は人から見て、幸せそうに映っているか」に神経を使っているうちに、自分の本心がわからなくなってしまいます。

そんな時は一度、あらゆる情報をシャットダウンしてみましょう。

雑誌、テレビ、インターネットや他人の意見ではなく、自分の心の声に耳を傾けるのです。よく言われることですが、答えは自分の中にあるのですから。

自分の価値観で、自分らしく生きることを教えてくれたのは、友人の**フランソワーズ**。「好きなことができるって幸せよ」と語る、笑顔が爽やかな人。彼女はケータリングの仕事をしています。オフィスや個人の家に出張料理を届けるサービスですが、伝統的なフランス料理にとらわれず、世界各地の味を取り入れたエキゾチックなメニューが評判です。料理だけでなく、インテリアやテーブルセッティング、ワインのセレクトまで、パーティーを盛り上げるセンスの良さが評判を呼び、その仕事ぶりは雑誌にも取り上げられるほど。年々、事業は拡大して、今では息子さんも経営に参加。アシスタントになっています。

「私は起業するという意識は全くなくて、ただ生きるためにしてきたことなのに」と言いますが、人生、何がおこるかわからないものです。

私がフランソワーズを知ったのも、友人宅でのホーム・パーティーでした。ユズや味噌といった素材が上手に使われたお料理が、日本人の私にとっても新鮮で、美味しかったのです。

フランソワーズは以前、優しいご主人と結婚していて、エッフェル塔が見えるアパルトマンに暮らしていました。裕福な夫のお陰で働かなくても生きていけたのです。人から見たら、羨ましい人生そのもの、憧れの存在だったかもしれませんが、本人はその頃、とても不幸だったそうです。

「あの頃の私は、いつも他人のことばかり気にしていた。こんなことをしたらどう思われるだろう、何て言われるかしらと」。彼女の言葉に、私はちょっと驚きました。この心理は、日本人に限ったものではないのですね。

幸せを絵に描いたような暮らしをしていたフランソワーズですが、実はその頃、もうひとつのドラマが進行していたのです。ご主人には密《ひそ》かにおつき合いしている女性がいて、ちょうど同じ頃に子どもも生まれていた。その事実を知った時の衝撃。以来、浪費したり抗鬱剤を飲んだりと、自分をごまかしながら生きてきた、と言います。すべては子どものために、と言い聞かせていましたが、「それさえ、自分をごまかすため」だったと。ある時、彼女は自分の道は責任を持って自分で決めよう、と決心しました。その結果は、離婚という形になったのです。

それから10年余り、活き活きと好きな仕事に打ち込んでいるフランソワーズ。

彼女に限らず私の知るフランス女性は、他人の思惑より「自分がどうしたいか」を最終的に優先します。自分を最優先にするのです。もちろん、それには責任が伴います。あなたは、恐怖を感じるかもしれません。でも、事実は反対で、「選択するのは、私自身」「私は責任を堂々と引き受ける」と覚悟が決まると、自由になれるのです。

若さを失っても魅力を増す方法

「フランスは大人の国だから、若い女性より年配のマダムの方が人気があるのは本当なのでしょうか」「若さを失っても魅力を増す方法はありますか？」。

そんな質問をよくいただきます。確かにフランスにいると、女性の魅力は若いというだけでは十分ではない、と感じますし、年を重ねた素敵なマダムたちがいるのも事実です。

日本では女性は若い方がちやほやされるし、大事にされる。だから年を取るにつれ、自分の価値が下がっていくと感じてしまうのだったら残念なことです。日本の男性は成熟していないから、若い女性にしか興味がないという意見もありますが、人それぞれでしょう。女性の年齢にとらわれない日本の男性もたくさんいます。女性が年上というカップルも増えていますし、これから時代は、さらに変わっていくでしょう。

ただ、帰国してテレビをつけ、可愛らしい若い女性がたくさん出ているのを見ると、ここは日本だなあ、と思います。

女性の更年期をテーマにした番組でも、司会とアシスタントが共に20代に見える若い女性で、違和感がありました。日本では、天気予報も、若くて可愛らしいタイプの女性アナウンサーが目につきます。ここがフランスとは大きく違うところ。フランスだと、年代は様々で、かなり年季が入った女性もいます。ただでさえ若く見える日本の女性との差は歴然で、日仏の文化の違いを感じてしまうのです。

日本ではいくつになっても「可愛い」がキーワードになっていますよね。先日も、40歳位の日本女性から、このキーワードが出てきました。「私、80歳になったら可愛いおばあさんになりたいんです」。そう言ったのは、すでに十分可愛い女性でしたからびっくり。今でも十分可愛いのに、もっと可愛くなりたいとは。
ちなみにKAWAIIという言葉、今やインターナショナルに通用します。

80歳で可愛いおばあさんでいたいという意味は、子どもっぽい、ぶりっ子のような媚《こび》を売る幼い可愛さではなく、可愛げがある、優しい、女らしい、たおやか、愛されるという可愛らしさのことを指しているのは、よくわかります。でも、多くの日本の女性が「可愛いと言われたい」を目指しているのは、やはり不思議なこと。

フランス語で「可愛い」に相当するのは、mignon（ミニョン）でしょうか。そもそも単語のとらえ方が違うのでしょうけれど、私は可愛い女性でいたい、とは言いません。

では、フランス女性はどんな女性像を目指しているのでしょうか。昔、私がホームステイしていた家族の娘さんであるアレクサンドラに訊いてみました。

「そうね。人からどう見られたい、どう思われたいなんて考えないわね。それは私がコントロールできることではないし。彼女と話すのは楽しい、いつまでも飽きない、と言われたら嬉しいかも。ケル・クラース（品格があること）とか、頭が良くてセクシーとか」という答えが返って来ました。外見ではなく、中身なのですね。品位とセクシー、この2つがセットになっているのにも注目です。結局は内面なのです。知性と品位がある女性だからこそ、セクシーだということ！　ちなみに、彼女が言うセクシー、フランス語ではSéduisante（セデュイザント）とは性的な意味というより、女としての魅力があるということでしょう。

何だか勇気づけられるではありませんか。一生可愛い女でいたいというのもいいですが、それに大人の女性の凜とした美しさが備わっていたら最高です。そしてその美しさは、内面からにじみ出るもの。若さはあっという間に失われていきますが、それからが女性としての人生の本番です。パリでは50代、60代、70代、あるいはそれ以上の素敵なマダムたちが大輪の花のような輝きを放っています。威厳ある美しさは、まさにいぶし銀の輝き。そんな彼女たちの影響を受けて、私も今では年齢を重ねることが怖くなくなりました。

フランスでは、「お楽しみは大人になってから」なので、早く大人になりたいと思うのです。若い女性が豪華なダイヤモンドをつけていたら、宝石に負けてしまう。というよりも、そもそも若い女性というだけで美しいので、豪華な宝石など必要ありません。年を重ねることで、選択が増えるのです。豪華な宝石やブランドもののバッグを持っても、しっくりくるし、反対にプチ・プラで遊ぶのもOK。本物か偽物かではなく、どちらも似合うのです。

そこに佇《たたず》んでいるだけで、華がある。
内面の豊かさがにじみ出ている美しい人。
そんな女性を目指していきましょう。

緊張感とリラックスを バランス良く

「マサコ〜！」

22時を回った頃、サンジェルマン・デ・プレの裏道を歩いていると、どこからか私の名前を呼ぶ声がします。辺りを見渡してみると、角にあるレストランにドレスアップした人々が大勢集まっていて華やかな雰囲気。どうやら、パーティーが開かれているようでした。面白いのはお店の外にまで、たくさんの人がいること。パーティーはレストランの中で開かれているのですが、皆、外で立ったまま、ワインを飲みながら語り合ったりしたりしているのです。

私の名前を呼び、手を振っていたのは、ワイングラスを手にした**オリヴィア**でした。

ヴェルサイユで開かれた友人の結婚式で会って以来、1年ぶりの再会です。黒のスキニー・ジーンズに黒のピンヒールのサンダル、相変わらずスタイル抜群の彼女。全身を黒で統一したファッションが、若さと華やかさを引き立てています。彼女は今、36歳のはず。去年、35歳で彼女の親友レアは結婚し、一方、オリヴィアは恋人との別れを選んだ、という話を聞いていたのです。

その後、いいことがあったのでしょうか。3、4人の男性とカウンターで立ち話をしていたオリヴィアは、華やいで見えました。

フランスでは、こんな風に、パーティーやバーやカフェなどで、立ったまま飲んだり、食べ物をつまんだり、人々が談笑したりしている光景をよく目にします。外国映画でもよく出てくる光景ですが、本当に欧米人は座らないのです。

座る場所はいくらでもあるのに、敢えて立ったままでいるのです。ホーム・パーティーでも、ソファに腰を下ろさず、立ったまま話している人がたくさんいます。彼らは間違っても、われさきに、と座る場所を確保して「ドッコイショ」と座ったりはしないのですね。ピンと背すじを伸ばし、同時に寛《くつろ》いでいるのです。

私には慣れない習慣でしたが、今では椅子を探さないでいられるようになりました。あなたも、社交の場で「座らないでいること」をぜひ試してみてください。例えば、コンサートの幕間でバーに行く時などはどうでしょう？　電車の中でも、座らないで立っている、お洒落で目立つ女性を見かけます。

そうです。家を1歩出たら、社交の場です。

座らないでいると、ちょっとした緊張感が生まれます。他人から見たら、頭から足先までトータルに全身が見えます。あなたの姿を見せるチャンスですし、お洒落のしがいもあるというものですよね。

この〝少しだけ緊張感を持つこと〟は、間違いなくあなたの女っぷりを上げるのです。

そして同時に、人を観察すること。素敵な人を探すのです。男性でも女性でも。

若い人でも年配の人でも。「あの人って素敵！」そんな人の真似をしましょう。何事も練習です。そうすれば、程よい緊張感を持ちながら、同時にリラックスしていられます。オリヴィアのように。

「聞いて。私、この秋、日本に行くことに決めたのよ」

オリヴィアは弾んだ声で、そう言いました。

「旅行？」

「そう。トーキョーとサド（佐渡島のことでしょうか）と、キョートと。今からすごく楽しみ。ちょうど良かったわ。日本のこと、色々教えてほしいから」

「もちろんよ。喜んで。ところで、今日は何のパーティーなの？」

すると、オリヴィアは肩をすくめました。

「それが私もよく知らないの」

隣のギャラリーで開かれていた初日の催し、ヴェルニサージュに出ていたら、その流れで、ということ。

何だかわからずにパーティーに出ているって、面白い。狭いパリの街では、あり得ることでしょう。

「マサコ、あなたもどう？」

と言われましたが、私はバスで帰りたかったので、オリヴィアと立ち話をしただけで自宅に帰ることにしました。


こういうところが、日本人なのです……。


せっかく面白い流れでパーティーに誘われたのに、断るなんて。それも、バスで帰りたいからという理由で！　遠くに住んでいるわけでもないし、タクシーで帰れば良かったのです。

もし、パーティーに出席していれば、そこに人生を変えるような出会いがあったかもしれない。それとも、ただ退屈なだけだったのかもしれない。

どちらもいいではありませんか。ぜひ、あなたには偶然を面白がってほしい、チャンスを逃さないでほしいと思います。

魅力をアピールすることに照れない

友人の**エレーヌ**は、長身でストレートのショートヘア、いつも黒を基調にしたパンツルックという装い。パリの街を颯爽と自転車で移動しています。シングルマザーとして、緑豊かな郊外の一軒家で子どもたちを育てあげた彼女は、55歳にして新たな人生をスタートさせました。それまでの企業での幹部という肩書きを捨て、ずっとやりたかった学問の道に転身したのです。

現在はパリの中心にある学生街、カルチェ・ラタンのアパルトマンにひとり住まいをしながら、大学で美術史を教えています。

ルネサンス美術からモダンアート、新しくできたベトナム料理のレストランの話題など、活き活きとした表情で早口に話す彼女ですが、ボーイッシュというよりは、女らしい印象があります。

「何故だろう？」と考えてみたら、彼女のチャームポイントである手首と足首がちゃんと強調されているからでは、と思い当たりました。

エレーヌの手首と足首は、大柄な彼女の体型からすると、華奢《きゃしゃ》でほっそりしていて、とても美しいのです。

ある日の午後、私は数人の友人と共にエレーヌの家に招かれました。

パンテオン近く、築300年は経つという何とも趣のある古いアパルトマン。その最上階に彼女の住まいはありました。

作り付けの棚にはぎっしり本が並んでいて、図書館にいるようです。

サロンにある暖炉の前で彼女が床に脚を交差して座っていると、短めのパンツと黒のバレエシューズの間から華奢な足首が覗いていました。手元には大きめのブレスレットをつけて、手首の細さがより強調されています。やはり、ちゃんと手首に目がいくようになっているのです。

するとと誰かが、

「エレーヌ、あなたって本当にきれいな足首をしているわね」

「本当、手首だって細いし」

と言いました。

やっぱり、私だけではなく皆に魅力が伝わっていたのです。

それは、他ならぬ彼女自身がアピールしているから。

以来、周りの女性たちを観察するようになりました。

そして、私は確信したのです。

フランスの女性たちは自分の長所を知り、その魅せ方を研究し効果的にアピールしているのだ、と。

一方**アンヌ**の魅力といえば、首筋から胸元までのデコルテのラインだと思います。彼女は、胸元を隠すタートルネックや首のつまった服は、決して着ません。

やはり、自分のチャーム・ポイントをちゃんと意識しているのですね。

アンヌが、ごくシンプルな白いTシャツを着ていても、私は「お洒落な人だなあ」と感心してしまいます。Tシャツ1枚選ぶにも、上質のコットン素材で、襟ぐりがきれいに開いたものにこだわっているということ。

ある時は、バロック・パールの3連のネックレスで豪華に、ある時は、アクセサリーはつけずに、ラメのパウダーが淡く光っていたり……と、アンヌのきめ細かな白い肌のデコルテは、大人の女性の清潔感とセクシーさを感じさせます。

「何か特別なお手入れでもしているの？」と訊いてみると、「化粧水を含ませたコットンで拭いた後、クリームをつけるだけ」というシンプルな方法だそうです。

あなたもまず、どんな人にもある自分の長所、それをぜひ見つけてください。髪がきれいなら、さらにきれいに見えるように魅せ方を考える。シャンプーをする時やブラッシングする時など、「私の髪はきれいなんだ」と常に意識することが大切です。

お風呂上がりに、裸で鏡の前に立って全身をじっくり観察してみてください。

気になる所、短所ではなく、魅力的な所を探すのです。

この方法で、ある女性は自分の口元と声が好き、と発見したそうです。

「それまでは、唇が厚いことや声が低いことがコンプレックスだったのですが……ある時、そこがいいんじゃないの？　っていう声が聞こえたような気がして」


そうです！

魅力とは、あなただけの個性のこと。

彼女は、それまで欠点だと思っていたことが長所だったと発見して以来、自分自身でいることが心地よくなりました。

他の誰かみたいにならなくてもよくなったのです。


さらには、彼女は自分が話している姿をビデオに撮って、研究。

すると、あまり魅力的とはいえない口癖や、表情の癖も発見しました。

「今までずっとこんな姿で生きてきたのかと思うとショックでしたが、お陰で直すことができて本当に良かったと思っています」

それからは彼女が好きな「低い、落ち着いた声」で話す女優、オードリー・ヘプバーンが出ている映画のＤＶＤを繰り返し観るなど、自分磨きを楽しんでいます。

人から何か褒められることはありませんか。それが、あなたのチャームポイントです。褒められたことがないという人は、まず他人を褒めてみましょう。そうするうちに、自然と人から褒められることが増えてくると思います。

そして「長所をアピールすること」は、習い事やスポーツと同じで、練習次第です。初めは意識して行うようにしていると、その内、生まれついての魅力のように肌になじんでくるのです。

美しく「ありがとう」が言える人になる

フランスにいると「メルシー（ありがとう）」という言葉を1日に何度も言われたり、言ったりします。

お店に入れば「ボンジュール」、何も買わなくてもお店を出る時は「メルシーオールボワール（ありがとう、さようなら）」という挨拶を頻繁に聞きます。

自分がお客さんの立場であっても、メルシーと言うのは忘れません。

スーパーマーケットでおつりを受け取ったら、カフェでオーダーした飲み物がきたら「メルシー」。「ありがとう」「ありがとうございます」と言うことによって、気持ちのゆとりが生まれます。

フランスでは、公共の場ではもちろん、恋人同士や家族の間でも「メルシー」とお礼と感謝の言葉をかけるのを忘れません。

小さなこと、当たり前のように思えることに対しても感謝の気持ちが持てるなんて素敵ですよね。それをきちんと相手に伝えられるということも。


カフェのテラスでのんびりお茶をしていると、50歳位の白いスーツを着たマダムが現れました。

彼女は、

「そこは空いている？」

「その灰皿を使わせてくださる？」

「タバコを1本だけ吸ってもいいかしら？」

と確かめ、私が頷くたびに「メルシー」と、媚びるでもなく、でも愛想良く優雅に言うのです。

本当は私はタバコの煙が苦手なのですが、彼女から感じよく「メルシー」と言われたせいなのか、断れませんでした（もっともテラスは喫煙可能なので、元々断る権利などないのですが）。

ありがとう、という言葉はコミュニケーションをスムーズにしてくれます。

あなたは、今日、何回「ありがとう」「ありがとうございます」を口にしましたか。ありがとう、と言うのが照れくさい、社交辞令のようで抵抗がある。そういう人は、ありがとう、と言った方が良い場面で、「すみません」「え？　いいんですか」といった言葉を使っています。

どちらの言葉の方が美しい女性に似合うでしょうか？

言うまでもないでしょう。

ぜひ、意識して「ありがとう」という美しい日本語を使っていただきたいと思います。

「そのストール、素敵だね。良く似合う」と褒められたら、あなたは「ええ、そうぉ？　これスーパーのバーゲンで買った安物で」と言ってしまう。

よくわかります。

照れが入っているのですね。

でも、「ありがとうございます」と気持ちを受けとることによって、相手に敬意を表していることにもなるのです。「ありがとう」という言葉は、やはり特別です。

自分を卑下するのは、今すぐやめて！

自分を卑下するような態度や言葉には、気をつけないといけません。

他の人にとって決して魅力的には映らないばかりか、気まずい思いをさせてしまうこともあります。誰かが「私なんて、何の才能もなくて」と言ったら、「そんなことないわ。あなたみたいにお料理が上手な人っていないない」と返さないといけません。

かつては、私も自分を卑下するようなことを言っていたこともあります。自嘲気味な態度や言葉で、周囲にも自分にも笑いが生まれ、場が穏やかになると勘違いしていたことも。

しかし、フランスに住むようになってからは、そんな態度や言葉遣いは、封印しようと決めました。

私が出会ってきたフランスの女性たちは「自分自身をおとしめるようなことは、決して言わない。他の人にも言わせない」という姿勢を徹底して貫いていました。当然、他人に対しても、見下すような態度や言葉は使いません。その姿勢に、私は深く感動しているからです。

クレールは48歳で独身ですが、決して自分のことを負け犬だなんて言いません。もちろん、他人からも言わせません。

それは、何も語らなくても、クレールの心の中の自分自身に対する態度が人にも伝わっているからです。

誰かが「どうして結婚しないの？」と訊いたら、彼女は感じよく、でも毅然とした態度でその質問には答える必要がないことを知らせるはずです。

以前、夫の浮気から離婚することになった友人と会う機会があり、私の方が何と言ったらいいのかドキドキしていました。しかし、彼女は何事もなかったかのように振る舞っていました。最後に「Jとは別れることになったのよ」とサラリと言いましたが、表情ひとつ変えませんでした。

誰にも「彼女は夫に捨てられた女性なんだ」なんて、とても思わせない、言わせない威厳溢れる態度に、私は深く感動したことを今でも覚えています。

自分自身に敬意を払わない人が、他人に対して敬意を払えるでしょうか。

あなたも「どうせ」「私なんか」「やっぱり駄目だった、上手くいかなかった」そんな言葉や態度で自分を卑下するのは、今、すぐにやめましょう。

これができると、人から尊重されるようになります。あなたは、求められる人になるのです。

第2章

美しいひとは孤独を楽しむ

エレガンスは孤独から生まれる

ご存知のように、女性の寿命は長いのですよね。
結婚しても家庭を持っても、遅かれ早かれ、人生のどこかでひとりで生きる時がやってくると考えておいた方がいいでしょう。

あれほど愛しあっていたのに、いつしか心が離れていった。
そんな時は、どれほど苦しくとも、別れを選ぶのが最善の道になるでしょう。
愛する人に先立たれてしまった。
あなたは、悲しみにくれるでしょう。
子どもたちが独立して出て行った。

喜ぶべきことなのはわかってはいても、あなたの心にはぽっかりと大きな穴が空くでしょう。

大切な友人たち、仲間、人生の先輩、後輩、お世話になった人とも、いつしか疎遠になっていく。

あなたは、ほろ苦い思いをするでしょう。

私たちもひととき、誰かの人生の登場人物になっている。

人生は不思議です。元々、私たちは孤独だったし、これからも孤独なのです。

生まれてきた以上、孤独からは逃れられそうもありません。

私は、それは喜ばしいことだと思うのです。

こんな歌があります。

〈私の孤独（Ma solitude）〉

僕は、もうひとりぼっちではない。

僕は、僕の孤独と一緒だから。

歌ったのは、ジョルジュ・ムスタキ（ギリシャ系のユダヤ人、実存主義時代のパリでシンガー&ソングライターとして活躍）でした。

※

孤独イコール不幸ではないと教えてくれた人がいます。

ブルーの瞳に紺のセーター、真珠のピアス。

その人は、いつもにこやかに微笑んでいます。

彼女の微笑みに、私は人を包み込むような温かさ、そしてスケールの大きささを感じました。

マリナは友人が住むアパルトマンのコンシエルジュ（管理人）として、長い間、働いてきました。
友人宅に行く度に顔を合わせるようになった彼女。

明るくて面倒見がよくて、向日葵《ひまわり》のような人。

でも、それだけではない。人生を知っている人の何かがある。何気ないひとこと、例えば「あの人はいつか作家になるんじゃないかしら」とおよそ作家とはほど遠そうに見える若者の未来を予言したり。とにかく、人間観察が独特で深いのです。


彼女は夫とともに移民としてフランスにやってきました。夫は工場で夜勤で働き、彼女は家政婦をしながら夫婦で頑張ってきました。働きづめだった人生は実を結び、夫は定年退職、息子は大学を卒業。

これからゆっくり人生を楽しもうという時に、突然、病で夫を亡くし、その数年後には最愛のひとり息子も亡くしていることを聞きました。

何という過酷な運命なのだろう。

聞いている私が苦しくなってきました。

それなのに、マリナは穏やかな微笑みを浮かべています。

一時はアルコールに溺れ、入院していたこともあったといいます。

「怒り、許せないことが私の問題だった」

マリナは彼女をひとり残し、やすやすと逝ってしまった夫と息子を、自分たちの運命を許せなかったのです。

故郷に戻ることを決意、パリを引き払いましたが、1年後に戻ってきました。

以前と同じ場所に戻り、働いているのです。

すっかり明るくなったマリナ。信仰心が彼女を救ったのでしょうか。

「私には幸せな思い出がある。それに夫と息子の魂は、いつも私に寄り添ってくれているの」

毎週、教会に通っているマリナ。

その姿に孤独な影を見つけることはできません。

幸福な思い出は、彼女に強さとエレガンスという贈り物を授けてくれたようです。

ひとりのディナーも優雅に

日本では「おひとりさま」がすっかり定着しているようですね。ひとり旅、ひとりランチ、ひとりディナーを楽しんでる女性も多いようです。
以前、「フランス女性はひとりで夕食をとらないためならば何でもする」と何かの雑誌で読んだ記憶があります。フランスの女性にとってひとりディナーは、それほどマイナスなイメージなのかと思いました。そんな時、友人の**アナ**から「ひとりの夕食ってちょっと憂鬱で」という話を聞きました。

当時、アナはパートナーと別れてひとり暮らしを始めたところでした。
金融関係で働くキャリア・ウーマンの彼女は、普段はラ・デファンス（パリ近郊のビジネス街）のオフィスで忙しく働いています。

ランチは同僚と、またはひとりでカフェやビストロに行くそうです。

「でも、ディナーとなると話は別。仕事帰りにひとりでレストランに行くのも面倒だし、家で作ってひとりで食べるのも何だかはりがなくて」

それまでカップルや家族と一緒に生きてきたので、そんな気持ちにもなるのでしょう。

その数ヶ月後、ヴァカンス明けの週末のマルシェでばったり会ったアナは見違えるように元気になっていました。

日に焼けたブロンズ色の肌にゆったりとした白い麻のシャツ、足元は、生成りのエスパドリーユ。

大きなかごのバッグを持ち、いかにも寛いだ雰囲気。

かごの中には、色とりどりの野菜、果物、チーズなどがたくさん入っています。

「アナ、元気そうね」

「そうなの。今はひとりディナーを楽しんでるわ」

理由を聞けば、そのきっかけとなったのは何と日本のコミックを読んだこと。

「友だちが貸してくれたのだけれど、すごくいい本ね。主人公がひとりで、色んなお店を食べ歩くの」

という内容だそうで、ひとりで食事をするのは寂しいというイメージが、「次は何を食べようか？」「今度はどこへ行こうか」と好奇心や楽しみに変わったらしいのです。

「それで私も時々、ひとりでも近所のビストロに行くようになって。週末は家に人を招いたりしているのよ」

そんな話を聞いてほっとしました。


ひとりのディナーは決して、寂しくも惨めでもありません。

誰かと一緒に食べる夕食もいいですが、ひとりにはひとりの良さがあります。

誰にも気兼ねせず、リラックスできる時間は貴重です。

いつもひとりでは味気ないけれど、あえてひとりで過ごしたい夜もあります。

そんな時はその望みに従いましょう。

お気に入りの食器やグラスでテーブル・セッティング、花を飾って、優雅にひとりディナーを楽しみたいものです。ひとりのディナーこそ、優雅にいきましょう。

毅然と「ノン」と言う

フランス女性は強いといわれます。

それは、はっきり自分の意見を述べるというところから来ているのかもしれません。

彼女たちは恐れずにノン、と言うのです。

週末の小旅行に誘われても、まだ使っていないストールをプレゼントすると言われても、自分の都合や趣味に合わなかったら断ります。

もちろん相手を否定するのではなく、まずその申し出に「ありがとう」とお礼を言ってから感じよく断るのです。

子どもたちのチャリティに協力してほしい、何かを貸してほしいと頼まれても同じこと。

その時は「ごめんなさい」と謝ってから、やはり理由を言って断ります。

また、誰かの意見には賛成できないという時も、「なるほど、あなたの意見はそうなのね。でも、私は違う意見だわ。私はこう思う」と言います。


こうしてみると、どれもごく自然なことですよね。

ノン、という意思表示をしたからといって、ヒステリックになるわけではないし、相手を攻撃しているわけでもない。

暴力に訴えてもいないし、誰かの人格を否定しているわけでもありません。

元々、フランス人は討論好きなので、他人と意見が違っても気にしない。

ノンと言うことにも、言われることにも慣れているのだろうと思います。

でも大和撫子の私たちからすると、ノンと拒絶するのは、結構、勇気のいることです。

「和」を尊ぶ日本人のDNAなのでしょうか。

あなたも、断らなければと考えただけで居心地が悪くなってしまう、という経験はありませんか。

そこには、他人に嫌われたくないという気持ちがあるのかも。

だからといって、作り笑いをしてごまかす、というのは避けたいもの。

それは、エレガントではないから！


「本心とは違う言動や行動をすることは、他人にも自分にも失礼な行為です」

というフランス人心理学者のコメントが雑誌にありました。

やはり自分の本心に忠実になった方がいいのでしょう。


「ノン、と言うことに抵抗はある？」

ある時、友人の**サビーヌ**に訊いてみました。

「ない、ない。私もしょっちゅうノンと言われているしね。今の仕事につくまで何十回も断られたし」

「仕事ではね、私も断られてもしかたないかなとそれほど抵抗はないけれど。プライベートではどうかしら」

「同じことよ。すべての人に好かれるわけがないし、断ったり断られたりは普通のことだと思う」

皆に好かれるわけはないし、その必要もないということです。

毅然と「ノン」と言えるのも、彼女たちが八方美人ではないからなのですね。

またサビーヌは、昨年のアメリカでの経験を話してくれました。

セラピーを学ぶワークショップに参加した時のこと、最終日に先生の誕生日が重なったそうです。

そこで誰かから皆で5ドルずつ出し合って、先生へのプレゼントを買おう、という提案がありました。

「私は一番大切なのは、おめでとうという気持ちだと思うし、それで十分だと思う。何かプレゼントしたくなったら自分で考えてするから」

サビーヌはノン、と断ったのですね。

私にも似たような経験があり、同じく気が進まなかったのですが、まあ大した金額ではないのだし、と支払った経験があります。

ノンとは言いたくなかったのです。

「やっぱり、あのフランス人は変わってるなと思われたでしょうね」

サビーヌは可笑《おか》しそうにクスッと笑っています。

「そういえば彼からのプロポーズにもノン、と言ってたの」

10年以上、一緒に暮らしている彼から再三、プロポーズされていました。

でも彼女は、「今は、その時期ではない」と断り続けたとか。

それでも、その3年後に結婚したのですから、たとえノンと断っていても二人は結ばれる運命だったのでしょう。

断ることを必要以上に恐れることはなさそうです。

本を読みにひとり旅をする

パートナーや家族、友だちと行く旅もいいけれど、ひとり旅には、また別の良さがあります。

短い時間でも、ひとりで旅に出ることで、また新たに頑張ろうと気分がリフレッシュされたり、心に栄養を与えてくれます。

大人の女のひとり旅は、あそこに行って、あれも見て、あれも買って……とバタバタするのではなく、もっとゆったり過ごしたいもの。

「本を読みに旅をする」ことを教えてくれたのは、**カロリーヌ**。

土曜日の夜、サル・プレイエルでのコンサートのチケットがあったので、カロリーヌを誘ったところ、

「誘ってくれてありがとう。でも、残念。この週末はロンドンに行って来るの。帰ってきたら会いましょう。チャオ！」

というメッセージが入っていました。

「大丈夫、気にしないで。ボン・ヴォヤージュ！　良い旅を」

私もメッセージを返しました。


パリ−ロンドン間はユーロスター（電車）が走っていて、2時間30分ほどで到着、多くの人に気軽に利用されています。いつか私もユーロスターに乗ってみたいと思いながら、翌週、カロリーヌとランチタイムに会いました。


エッフェル塔近くにある待ち合わせのビストロで黄色いフリージアの花束を私に、と差し出してくれたカロリーヌ。

「ありがとう。わあ、嬉しい」

誕生日でも祝い事があったわけでもないのに、お花を贈られるなんて嬉しいものです。

互いの近況報告をした後、

「ロンドンの旅はどうだった？　どこに行ったの？　いいレストランは見つかった？　何か買った？」

と私は矢継ぎ早に質問しました。

「とってもいい旅だったわ。でも、どこにも行っていないし、何も買っていないけれど」

「ええ？　それって、どういうことなの？」

「本を読みに出かけたの」

彼女のお気に入りは、ひとりで高級ホテルに数日間ステイすること（シーズンによって、高級ホテルでもリーズナブルな値段で泊まることができます）。

旅の目的は「本を読むこと」なので、ホテルの部屋で読書、というのがメイン。

だから、ホテル選びが大切。

雰囲気も居心地も良いところ。静かで女性がひとりでいても違和感がないところを選ぶそうです。

でも、せっかくロンドンに行って、流行りのレストランにも行かず、買い物もせず、ルームサービスかデリの食べ物で本を読むだけ？

ちょっともったいない、と最初は思いましたが、カロリーヌの話を聞いているうちに私もワクワクしてきました。

「まず、自分の好きなエリアのホテルを選ぶことね。チェック・インしたら近所を散歩して、お花を買ってホテルの部屋に飾るの」

短い滞在でお花を飾るのはもったいない、とまたもや私の貧乏心は反応しましたが、

「別に豪華なブーケを買うわけじゃないのよ。一輪だけでもいいし」

と聞いて納得です。

花が一輪あるだけで、気持ちが華やいで幸せな気分になるものですよね。

それに、ホテルの部屋を自分の部屋にカスタマイズできます。

こうして数日間、本を読む以外は、

「近所のお店を覗いたり、公園を散歩したりするの」

インターネットにも繋ぎません。

カロリーヌは仕事では専門書を読む必要があるのですが、オフタイムには自分の好きな本を読みたいのです。

好きな作家のミステリー小説や、とりわけ、彼女が愛してやまない考古学の本を。本を読んでいると、そこがどこであれ、彼女を古代バビロニアやインカ帝国に連れていってくれるのです。


「今度はベルリンか、ビアリッツ（スペインに近いフランスの地方）に行こうかな」

彼女の話を聞いてすっかりその気になった私は、どこに行こうか、どの本を持って行こうか、と夢想し始めていました。

持って行く本は、ずっと読みたいと思って去年買ってあった本、まだ読んでいないあの本にしようかな。

想像するところから、旅は始まっています。

ネットで旅先や泊まりたいホテルの情報を集め、ガイドブックを買ってと、すっかりその気になっています。

カロリーヌの贅沢は、高級ホテルにステイする、というだけではない、ここの贅沢だと思いました。

非日常の空間で本を読む。

ひとりを楽しむことを知っている、大人の女性に相応しい過ごし方ですよね。

旅が終わって、いつもの日常に戻るのもまた、いいものです。

あなたもどうでしょう。

早速、本を読む旅のプランを考えてみませんか。

究極の個人主義でいく

「それ、すごく美味しそう。ちょっとだけもらっていい？」

レストランで夫の料理の味見を頼んだ私に、彼は怪訝《けげん》な顔を返しました。

「いいよ」とは言ってくれたけど、フランス人の冷たい気質の一面を見た、と感じたものです。

逆に、私がオーダーした料理を彼に食べさせてあげたい、と思うこともよくありました。でも、

「ね、これ、美味しいから食べてみて」

といくら勧めても、「要らないよ」と断られるのです、それも毎回。

料理をシェアするのってマナーとして美しくないということかしら？　と思っ

ていました。

パリで暮らし始めた頃は、しばしばこんなことがありました。


ところが、それから十数年が過ぎて……。

東京のお洒落なレストランで、私たちがそれぞれの料理をオーダーしたところ、お店の人が親切に「お料理はシェアして、お持ちいたしましょうか？」と言ってくれました。が、私たちは同時に「いいえ、結構です」と答えていたのです。

パリに暮らすうちに、フランス人が料理をシェアしないのは、意地悪やマナーだけの問題ではない、ということを学んだからです。

彼らの思考、その後の行動は多分こうでしょう。

その日、自分が食べたいと選んだ料理を食べることが大切なので、他人のお皿には興味がない。たとえ、それがいくら美味しそうであっても。

個人主義は、こんなところにも表れていたのです。

なるほど、潔いと言えば潔いではありませんか。

隣の芝生は青い、とは正反対ですね。

他人を羨ましいなんて少しも思わず、自分の選択に責任を持つということではないか、と、ついには感心するに至ってしまいました。

そんなに哲学的に考えなくても、今では私は自分で選んだ料理を食べられればOK、別に人のものまで要らないと思うようになりました。

他に食べたいものがあれば、次回にするから、と（とはいえ、事前に「シェアしましょうか？」と訊いてくれる日本のレストランは、やっぱり親切だな、と思います）。

このフランス式個人主義は、レストランの料理選びだけに限らず人生全般について言えることです。

自分が好きで選んだバッグを持っていれば、他の人がどんなバッグを持っていても気にならないでしょう。

その上で、「あの人のバッグは素敵」と認められるようになります。

そこには自分と他人を比較したり、優劣をつけたりといったことはありません。

気がつけば私も、不思議とその時の自分の選択に満足できるようになったのです。

「他にも可能性はあったけれど、今回、私はこれを選んだ。だからこれで良かった」と人のものを羨ましいと思わなくなったのですね。

そして後悔したり羨ましいという気持ちがなくなるにつれ、決断が速くなりました。

多くの人は、決断することを怖《おそ》れているのです。

それが間違いだったらどうしようと。

でも、決めてしまえば何とかなるものです。

誰かにどう思われるかを基本に考えてしまうと、心身を消耗します。

「私はその時の自分の直感に従う。その選択には責任を持つ。だってそれは最終的にベストな道だと信じているから」

それがエゴイスティックともわがままとも違う、究極の個人主義です。

テレビを消す

パリで、ブルジョアのお宅やお洒落な人のお宅に伺うと、そもそもテレビが見当たらないのが不思議でした。

サロン（リビング）にテレビがあるのは、シックではないようです。

テレビは目立たないように隠してあるといってもいいくらいで、キッチンの隅や寝室にあったりします。

テレビを観ないわけではないけれど、彼らはスノッブなのです。


確かに、テレビを観ていたら思いがけないほど長い時間が経っていて、あとで後悔してしまったという経験はありませんか？

テレビと上手につき合う方法はないのでしょうか？

友人の**ミシェル**宅では地下にテレビ・ルームがあり、テレビを観たい人は専用の部屋に行くようになっています。

夫婦と子どもが３人の５人家族でテレビは１台のみ。

これは、テレビの観すぎに効果がありそうです。

一方で、テレビと上手につき合うのではなく、きっぱり止《や》めるという人もいます。

最近引っ越しをした**ステファニー**の住まいは、シックなロフトでした。

昔は家具工房だったという古い建物を大きなワンルームに改築、モダンなアパルトマンに生まれ変わらせたのです。

そして、部屋の壁には巨大なテレビが取り付けられていました。

「そうなの。これでＤＶＤを観るのが楽しみ」

映画好きの彼女にピッタリです。

が、その数ヶ月後、ステファニーのロフトには、テレビはありませんでした。その理由を聞いて、私は噴き出してしまったのですが、彼女いわく、

「私って凝り性で依存する傾向があるから、テレビを観だすと際限なく観てしまう。チョコレートも同じで、ひとつだけと思っても、私は結局一箱、全部食べてしまうの。だからテレビとチョコレートには近づかないことにした」

だそうです。

それもいい選択だと思いました。

「DVDも結局観なかった。借りたり返したりするのが面倒で。ただぼうっと観たくもない番組を観ていたわね」

ステファニーのように確かにちょうどいいところで止める自信がなかったら、いっそゼロにする、というのもいいかもしれません。

超大型テレビはマルセイユに住む80歳の祖母に送り、とても喜ばれているとい

うことです。
それも上手なテレビとのつき合い方ですね。

勝手なアドバイスに惑わされない

アドバイスは困りものです。

「あなたのためを思って」という大義名分があって言っているのかもしれません。

しかし、アドバイスしている人は気持ちがいいかもしれませんが、実はその人の価値観や考えを勝手に押し付けているだけかもしれません。

こうなると余計なお世話になってしまいますよね。

誰も上から目線のアドバイスなど聞きたくないのですが、どうしたらいいのでしょうか。

私が知るフランス女性は、その辺のところが実にクールです。

自分は自分、相手は相手という境界がきちんと引かれているので、むやみに相手の世界に土足で足を踏み入れない。自分の世界にも立ち入らせない。

まず、このルールが徹底しているように感じます。


舞台の演出家として活躍している**エリーズ**は、人からの「余計なアドバイス」には耳を貸さずに生きてきましたが、それこそが彼女の成功の原因でもあるのです。

親族や家族は学者や公務員ばかりという環境で育った彼女が、大学には行かずアメリカでダンスを学びたいと言うと、大反対を受けました。

「それなら学費は出さない、経済的な援助はしない」と。

それでも自分の夢を諦めきれなかったエリーズは、働いてお金を貯めたそうです。

「メトロに乗るのも切符代がもったいないので歩いた」

そこまで徹底して倹約、3年かかって夢への一歩を踏み出しました。

「結婚しないで子どもを育てると決めた時も、周りからは色んなアドバイスがあったわね。一番の親友からも心配されちゃって。その時、私が病気をしたせいもあるの」

アメリカ在住の恋人とは別れることになりましたが、それでも、ひとり息子のジュリアンを産んだのです。

「皮肉や嫌味を言う人も、温かく励ましてくれた人もいる。アドバイスとして勝手に色々とケチをつけてくる人には、結構です、私には自分のやり方がありますからと言ったわ」

静かにキッパリと言うのです。

その後、仕事で活躍するようになると、

「さらに雑音がすごかった」

と笑います。

エリーズにとっては、アドバイスではなく雑音なのですね！

実力と才能と運が必要とされるショービジネスの世界で生きてきた彼女の言葉には重みがあります。

彼女はやりたいこと、自分で決めたことは自分の責任で行動するのです。他人にアドバイスは求めない、そして、自分も他人に余計なことを言わないという潔さ。

「自立している生き方よね。見事だわ」

「あんまり深く考えていないだけ」

本人は否定しますが、やはり格好良いと思います。

私たちも、勝手なアドバイスをされたら毅然とノーと言いましょう。怒るのではなく、感情的にならずに対応するのです。そのうち、余計なアドバイスは必要ない人だと思われるようになりますよ。

幸せは隠すもの

我が家のバスルームのキャビネットに並んでいる化粧品や香水などは、ラベルが見えないように反対向きに並べられています。

夫がブランド名が見えないように、反対に並べるのです。

私としては、CHANELなどロゴマークが見えた方が、気分が上がっていい気がするのですが、気がつくと隠れています。

ある日「どうしてそういうことをするの?」と訊いてみたら、

「え?　そんなことしてたっけ?」

という答え。

意味もなく、習慣になっていただけらしいのです。その方が落ち着くからなのかも、と思うようになりました。

フランス（ヨーロッパ）では、富や幸せは人に見せつけるものではなく、隠すもの。成金（ヌーヴォー・リッシュ）趣味は好まれないというのもありますし、治安も関係しているのでしょう。

いかにもお金持ち、とわかると狙われてしまう可能性があるのですから、気をつけなければならないのです。

ディスクレ、フランス語でdiscretという言葉があります。

控えめな、慎み深いという意味があり、

「彼女はディスクレットな女性だ」

と言えば、彼女は奥ゆかしい、控えめなところがある女性だ、というニュアンスでしょうか。

声高く、自分がどれほど有能で恵まれているか、豊かさをアピールする必要はない、ということです。

スクール・カウンセラーで、版画家としても活躍している**アンヌ・ソフィー**は、まさにディスクレットで飾らない魅力を持つ人。経営者の夫と3人の子どもと共にパリ郊外に住んでいます。

彼女が手入れする広い庭は四季の花々が咲き、フランスの女性誌にも特集されるような素敵な家です。

6月のある日、私は友人と共にアンヌ・ソフィーの庭園の薔薇を見に行くという幸運に恵まれました。手入れの行き届いた庭に咲く色とりどりの薔薇、中でも少しブラウンがかったオレンジ色の薔薇に心を奪われました。色も形もそれまで見たこともなく、ただうっとりと眺め、甘い香りを楽しみました。

思春期の子どもたちの相談にのるカウンセラーという仕事と、妻であり、母であり、そして版画家という、いくつもの顔をもつ彼女。

さらには、難病の子どもたちをサポートするアソシエーションを立ちあげて精力的に活動しています。

一体、どうやって使い分けているのかしら。

と思っていたら、タイミング良く彼女の方から、

「良かったら、今度私のアトリエに来る？」

と誘ってくれたのです。


モンパルナス近くにあるアンヌ・ソフィーのアトリエは、天井が高く広々とした空間でした。

この由緒ある建物は国の文化財に指定されているそうで、自分の持ち物であっても、勝手に改造したりはできないそうです。

それだけでなく、かつて、そのアトリエは有名な画家たちが集う場所だったとか。代々続く名家に生まれ、幸せな家庭、やりがいのある仕事に加え、自分を表現するアーティストとしても活躍しているアンヌ・ソフィー。

すべてを持っているように見える彼女ですが、控えめな女性という表現がピッタリ来ます。いかに自分が恵まれているかを声高に訴えることはありません。

ブランドものや豪華な宝石を身につけるわけでもなく、中古の小型車に乗って

いる彼女。版画家として時には夜を徹して、自分の作品と孤独に向き合う彼女。

そんな彼女を見ていると、富や幸せを隠すことは、エレガンス、気品ある美しい生き方に通じるのだと思います。

映画『アメリ』で有名な女優のオドレイ・トトゥは、インタビューを受けると、もちろん仕事については語りますが、私生活については口をつぐんでいます。それが彼女のポリシーだから。

あなたが幸せだったら、ラッキーなことがあったら、ちょっとだけ黙っていることから始めてみませんか。一歩、引いてみるのです。

富や幸せを隠すことは、謙遜とも、うぬぼれとも違うことがわかるはずです。

雨の日の美術館へは ひとりで出かける

あなたは雨の日は憂鬱な気分になるでしょうか。

せっかく仕事が休みの日なのに、目が覚めると雨が降っていたらどうでしょう。

出かける予定を変更して、家で本でも読むことにする？

それとも、誰かと一緒にお茶でもできないか、と女友だちに電話するでしょうか。

ひとり時間を楽しめる大人のあなたなら、そんな時は、ひとりで美術館に出かけてみませんか。

美術館と雨は、良く似合います。

エミリーも、雨の日には美術館へ行くわ、と言います。

教師の彼女は、今までリールやロンドン、ベルギーの北部に住んできました。いずれも雨がよく降るところです。

「アンチーブ（南仏にある街）出身の私なのに、雨の多い土地ばかりに住むことになるなんて皮肉なものだけれど、初めは雨が憂鬱でたまらなかった、天気のせいで鬱になる人の気持ちがわかった」

それがアート好きな彼女、ある時、赴任中に行きたい美術館にすべて行こう、と決心してから気持ちが変わったのです。


それからエミリーにとって、雨の日に、ひとり美術館でゆったり過ごすことが楽しみになりました。

「そのために、この赤い傘を買ったのよ」

鮮やかな赤の傘は、エミリーと一緒に様々な美術館を訪れているのですね。

現在はパリに住むエミリーですが、

「雨の日のパリでも、やっぱりひとりで美術館に行くのが好き。来週はモディリアニ展に行きたいけれど」
「雨が降らなかったら？」
「晴れていても行くけれどね」
と笑っていました。

美術館にはひとりで行く方が感動が深い、というのは今までの私の経験からも言えることです。

パリのマルモッタン・モネ美術館、ジャックマール＝アンドレ美術館、アルザス地方にあるウンターリンデン美術館、フィレンツェのウフィツィ美術館……。初めて行った時は、ひとりでした。そして偶然にも雨が降る日でした。

いずれも20年以上も前のことなのに今でも「その日は雨が降っていた」という記憶があるのは、雨の日は印象に残るからなのでしょう。

マルモッタン美術館ではモネの部屋、ジャックマール＝アンドレ美術館ではエドゥアール・アンドレの妻のネリー・ジャックマールの物語、ウフィツィ美術館で出会ったボッティチェルリの〝春〟……いずれも言葉も出ないような静かな衝撃を受けました。

その後も何度も訪ねていますが、2度目以降、誰かと一緒に行くと、初めての時のような感動はないのです。

それは2度目だからというより、ひとりかどうかだと気づきました。

(この空間が素敵)
(入り口までのアプローチがいい)
(まさかこの絵を実際に見られるなんて思ってもみなかった)

そんな感動を共有できる人がいない、というのがいいのです。
その分、感性が高まるから。
それが雨の日なら、なおさらのこと。

あなたも雨の日には、美術館にひとりで出かけてみてください。
贅沢な孤独を味わうために。
あなたと同じように美しい人に
出会えることでしょう。

何でも話し合える親友は幻想

歓びは2倍に、悲しみは共に、というわけではありませんが、親友というと嬉しいことがあったら喜び合い、悲しいことがあったら共に悲しむというイメージを持っている人は多いと思います。

親しい友だち同士なら何でも打ち明けられる、他の人には言いにくいことも話せると思っている人も多いのではないでしょうか。

でも大人の女性の友人関係は、べったりしたものではなく、お互いを尊重した心地よい距離が必要です。深く入り込みすぎれば、友人関係がぎくしゃくしてしまうかもしれません。

パリに住んでいる日本女性アヤさんはフランス語を習いに行っている時、学校のイベントで、あるフランス女性、**イネス**と知り合いました。

同年代で趣味も似ていて二人は意気投合、

「少なくとも私にとって彼女はかけがえのない友人、心を許せる親友」

だと思っていたそうです。

「彼女の田舎の実家に泊まりに行くし、日本に来た時は私の家にも滞在してもらいました」

「お互いの家族も、そして恋愛についても知っていました」

アヤさんがつき合っていた彼と別れた時も、彼女は親身になってなぐさめてくれたそうです。

「人生、そういうこともあるけれど、アヤなら絶対に幸せになれるから」と。

しかし、アヤさんにとってはショックなことがあったのです。

それはイネスが妊娠中ということを知らなかったこと。

月に数度は会っていたのですが、お腹も目立たなかったし、わからなかったそうです。

「赤ちゃんが生まれるんですよ。こんなにお目出たいことはないですよね？　それなのに私にはひとことも言わなかった。ある時、彼女のお腹の辺りを見て私の方が気づいたんです。それで聞いたら、秋には子どもが生まれるって言われて。何も知らなかった私はショックです」

「私の方は子どもどころか、ボーイフレンドもいないからって可哀想に思って遠慮したのかななんて思って」

アヤさんの気持ちもわかります。

嬉しいことだし、一緒にお祝いしたかったのでしょう。その気持ちを正直に話したところ、彼女は、リスクがある妊娠だったので、医者から安定期に入るまで人に話さない方がいいとアドバイスされていることを話してくれました。

「ああ、そうか。私はまるで中学生だったのかと思いました。お互いのことは何でも知っているというのが友だちだと。親友が欲しいとずっと願っていて、日本では無理だったけどフランスでは可能だったと喜んでいました」

そう。何でも話せばいいというものではありませんよね。

相手は自分に何でも話すべきだ、ということもありません。

他人には見せたくないこともあるし、知らなくていいこともあります。

「ここから先は」という他人に立ち入らせない領域、立ち入らない領域がはっきりしているようです。

自分と相手のプライバシーを尊重します。例えば親しい友人からしばらく連絡がないようなら、まずはそうっとしておきます。フランス人には、この「そうっとしておく」才能があるのです。街で有名人を見かけても、誰かのスキャンダルを知っても、そうっとしておくのです。

「変わってるね」は褒め言葉

私がリエさんに出会ったのは、彼女が10年暮らしたフランスから日本に戻ってきた直後のこと。

ちょうど私も日本に長期滞在している時でした。


リエさんは、20代半ばからフランスに留学。

その後、縁あってパリで希望していた仕事につくことができました。

ヴィザの問題がありますから、異国であるフランスで外国人が仕事につくのは、容易なことではありません。

「もちろん努力もしたのですが、色々な偶然がタイミング良く重なって……私はラッキーだったと思います」

ところが、すっかりフランス生活に慣れた頃、ご両親が続けて病気になってしまいます。


「実家は商売をしているので放っておくわけにはいきません。元々、一人娘の私が仕事を継いでくれると親にも期待されていたし」

悩みましたが、これもいい機会かも、とリエさんは故郷の日本に戻り、新たな人生をスタートすることにしました。

パリとは勝手が違うけれど、日本の地方都市の暮らしもそれなりに充実していました。

改めて日本の良さ、日本の文化や日本人の素晴らしさを発見する毎日。

「パリも楽しかったけれど、やっぱり日本はいいですね」

ただ、ひとつちょっと憂鬱になることがあると。

「日本に帰国して以来、周囲から度々言われることがあるのです」

曇った表情でリエさんは言います。

「どんなこと？」

と尋ねると、〝リエさんて、ちょっと変わってるよね〟〝どこか普通の人と違う〟と事あるごとに言われるというのです。

「以前、パリで働いていた職場では、そんなこと言われたことなかったんです」

とこぼすリエさん。

「確かにフランス人は変わっている人だらけかも。でも、変わっている人が変な人というわけではないでしょう？」と伝えたのですが、それでも、変わってるねと言われるといい気はしないんですという彼女。

その気持ちもわかります。

日本は横並びの文化で、人と同じでいると安心するという日本人の国民性もあるかもしれません。

が、変わっているのはリエさんだけではないはず。

「じゃあ、リエさんて皆と同じだね、全然、個性がないよね。平凡だよね。退屈だよね。と言われたら嬉しいかしら？」

私なら嬉しくないけれど。

「そうですね。私も全然嬉しくない。それなら、変わってるねと言われる方がずっといいです。今度そう言われたら褒め言葉だと思って喜ぶことにします」

一転して、さわやかな笑顔になっていました。

私たちがどんなことを美しいと感じ、どんなことに嫌悪を感じるかは、ひとりひとり違います。

でも、人には違いがあるからこそ面白い。ひとりひとり違うからこそ面白いのです。それが個性というものですよね。

それから、半年ほど経った頃でしょうか。

「変わっていると言われる」のをあれほど気にしていたリエさんは、それをバネにして、ビジネスで結果を出していました。

彼女は実家の商店を大改革したのでした。

日本を訪れる外国人観光客に向けて、インターネットを使って集客したところ、それが大当たり。

「今では、口コミで世界中からお客さんが来てくれるようになったんです！」とのこと。

これが「変わってるね」のパワーです。


〝変わってるね〟

〝ちょっと不思議な人だよね〟

あなたもそんな風に言われたら、褒め言葉だと捉えてくださいね。


それは、あなたが人と違った道を進むことを恐れない人だということ。

個性があって、群れない人だということ。

つまり、信念をもっている人だということが伝わっているということですから。

いつの時代でも、「あの人は変わっている」「あの人は変だ」と言われるような人が、古い因習にとらわれず世の中をリードしていくものなのだと思います。

第3章

愛はままならないもの

婚活もマニュアルも要らない フランス式恋愛術

「恋愛の達人」として、世界的な名声を得ているフランス人女性ですが実際はどうなのでしょう。

一世を風靡《ふうび》した、あるアメリカ発恋愛のベストセラー本は、世界各国で翻訳されましたが、フランスでは未発売だとか。

このことからも、

「私たちにはそういうものは必要ないの。男と女のことも、人生のことは私たちの方が良く知っているのよ」

という、本家・本元のフランス女性のプライドを感じてしまいます。

とはいえ、彼女たちフランス女性も私たち日本女性と変わらない。出会いがなくて苦しんでいる女性もいるし、男運に恵まれない女性もいる、と感じることが多々あります。

その一方で、「やはり、この人たちは生まれながらに恋愛の何たるかを知っている」と感心してしまうことが多いのも事実なのです。


友人のデザイン事務所に寄ると、ジャックが、女友だちの**カミーユ**に電話しているところでした。

あとで会う約束をしているので、確認したいんだけど、と。

が、連絡がつかないというのです。

「おかしいな。どうしたんだろう?」

電話のコール音が虚しく鳴っているだけ。

そんなジャックの様子を見ていて、私はこころの中でクスッと笑ってしまいました。

そのカミーユという女性は、私が知る他のフランス女性と同じだったからです。

そう、カミーユはわざと電話に出ないのです。

お出かけ前にお茶でも飲んで、リラックスしているのでしょう。

その間、彼女の携帯はテーブルの上に置かれたまま。電話のコール音だけが鳴り響いているのです……。


これが、フランス女性のテクニック以前のテクニックです。

時には、男性をじらせて不安にさせてあげること。

だって、その方がお互いのためなのです。

人生にはスパイスが必要ですもの。

「彼女は自分の思い通りになる。僕が誘えば、いつだって来る」

たとえ、友人関係であろうと男性からそんな風に思われ、軽く扱われたら女が下がるというもの。

フランス女性は、それを言葉ではなく態度で伝える方法を心得ているのです。

しかもカミーユは、その恋愛ルールを使おうと決めて、そうしているのではありません。すっかり身についているものですから、ごく自然に実践しているのです。

自分が、男と女が上手くいくための法則を実践しているという自覚さえないのでしょう。

こんな光景は、どこでも見られます。

男は追いかけてはだめ。追いかけさせるもの。

ジェラシーは有効に使えば、二人の仲を長続きさせてくれる。

何もかもさらけださない。どうでもいいことをだらだらと喋りすぎてはだめ。

ミステリアスな存在でいること。このような話は、きっとあなたもよく聞くでしょう。

フランス女性にとっては、当たり前のこと。15歳でも、40歳、50歳、70歳だろうと、ごく自然に身についているのです。

母親から学んだ、という人もいれば、なぜかわからないけれど、という人もいて、やはり天性なのかと思ってしまいます。

とはいえ、フランス女性がどんなに素晴らしい資質をもっているといっても、時にはやけどをしたり、手痛い打撃を受けることは避けられません。

大恋愛の末、結ばれたと思ったら1年も経たないうちに離婚することになった。

3人連続で、ケチな上にろくに働かない男と出会ってしまった。

そんな経験をしても、次の出会いがあることを信じている彼女たちには、また新たな恋が訪れるのです。

また、モテる女性、男性をひきつける女性が、誰から見てもわかりやすい美女である必要がないこともフランス女性は知っています。

若いというだけでは価値がないことも。

外見だけでは、何かが足りないのです。

「一緒に話していて楽しい女性がいいな。打てば響くような」

というフランスの男性たち。

知性こそが、武器になるのです。それもセクシーな武器に。

婚活とかアラフォーという言葉もないので、プレッシャーもありません。
ということは、自分で自分のこころの声に耳を傾ける必要があります。

アニエスは40歳の時、今こそパートナーと出会う時だと思ったといいます。
友人を通して何人かの男性と会ったり、ネットでの出会いも試しましたが、ピンとくるような男性はいませんでした。

1年後、結局、友だちの家で出会った最初の男性が彼女の恋人に。

「手持ちのカードは出尽くした、と思っていたら、最初に戻れば良かったというわけ」

どんな年齢や状況でも、「もう恋人はできない」と思ったりはしない彼女たち。
楽観的に未来を信じることこそが、フランス女性を恋愛の達人にしている所以なのでしょう。

結婚していなくても幸せ

フランスでは、もう「結婚すること」はマストではなくなってきているようです。色々な選択肢があり、何を選ぶかは人それぞれなんですね。結婚に準ずるパックスという制度もありますし、今では同性間でも正式に結婚できるようになりました。カップルとして生きていても結婚はしない、という選択をする人たちも存在しますし、結婚しないで子どもを産むのもごく普通のこと。このような多様な社会で、現代のフランス女性は、結婚の呪縛から解放されたのでしょうか。

「2組に1組は離婚することになるのだから、結婚してもしなくても構わない。役所に届けたからといって愛が保証されるわけでもないし。私が結婚を選ぶとしたら、税金対策のみね」

30代半ばの公務員、**ジュリー**の結婚に対する考え方です。もしかしたら（税金が安くなるので）結婚を選ぶことがあるかも、ということなのです。とても現実的で、結婚に対するロマンチックな幻想はありませんね。

ちなみに彼女は、子どもができても、それは結婚するという理由にならないといいます。ジュリーのように「自立していること」を尊ぶフランスの女性にとって、「男性に食べさせてもらうこと、経済力を当てにすること」という思考は存在しません。「そんな危険なことはできないし、現実的ではないでしょう？」彼女の言うことはもっともです。

パートナーがどんなに良い職業についていて高収入でも、いつ失業するかわかりません。パリをはじめ都市部の物価は高く、ひとりだけの稼ぎでは難しいとも言われています。

「それに、いつ2人の関係が終わるかもわからないし」
いたずらっぽく笑う彼女ですが、これも的を射ています。初めから離婚する前提で結婚するカップルはいないのに、結果的には別れることになるのですから。

結婚にこだわらないジュリーのような女性は現実主義のような印象があるかもしれません。しかし、実は反対にロマンチストなのだな、と私には映るのです。だって、結婚する、しないよりも、お互いに愛し合っているかどうかが一番大切なことになるのですから。

アナイスは40代後半、女性誌のエディターとして、忙しい日々を送っています。学生時代から何回か共に暮らしたパートナーがいたけれど、誰とも結婚という形はとりませんでした。

今もビジネスマンの恋人ドミニクと結婚という形はとらずに同居中です。「彼と暮らし始めて10年になるわ。結婚しないのに別に深い理由はないし、結婚制度に反対しているわけでもないのよ」。ただ、自由であること、精神的にも経済的にも独立していることを最優先させてきたといいます。パートナーのドミニクは離婚歴があり2人の息子がいますが、アナイスは彼の前妻とも息子たちとも仲がいいのです。

そういえば私が初めてアナイスに会ったのは、友人宅での出版記念パーティーでした。その友人（男性）の恋人がドミニクの前妻だったのです。ドミニクの元妻は、友人として元夫とそのパートナーを招待していたというわけです。何だかややこしいですが、フランスに住んでいると、こういう光景にはよく遭います。

元カップルがそれぞれ新しいパートナーを同伴して、どこかでばったり会う。ホームパーティーのゲストにどちらかのパートナーの元恋人が現在の恋人と一緒に現れたりすることも、元恋人から招かれたパーティーで新しい恋人に会う人もいます。日本人の感覚からすると、ちょっと不思議、おかしいと感じるかもしれません。でもフランスでは、そんなシチュエーションでも、みんな確執などなく、なごやかな雰囲気なのです。

「私はとてもインディペンダントなの」と自ら言うように、アナイスは人生を謳歌しているように見えます。過去も含めて自分の人生をすべて肯定しているのだと思います。そこには結婚という選択をしなかったことへの後悔など、みじんも感じさせません。

人はみんな、それぞれに相応しい人生を歩むことになっている。
だから、誰と比べることもない。

大切なのは、自由でいること。自立していること。そして人生を楽しむこと。
アナイスの生き方から、そんなメッセージを受け取れるように感じるのです。

不倫は贅沢と心得る

不倫は文化か？
ウイ、ええ、もちろんそうですとも。
それも、大人のための贅沢な文化です。

ヨーロッパの上流社会では中世の時代から、そもそも好きな人と結婚する自由などありませんでした。
名家を継ぐため、跡継ぎをもうけるため、財産や権力を拡大していくという互いの家のメリットを享受するための策略結婚だったのですから。

恋をするのは、結婚というお務めを果たした、その後だったのですね。それは婚外恋愛なので、不倫ということになります。

恋愛と結婚はイコールではなく、全く別物だったのです。

背徳の恋には、秘密やかけひきがつきもの。

誘惑したり、されるようにしむけたり、策略、裏切りといった甘い毒薬のような手練手管が展開されていたのでしょう。

こうしてフランス式恋愛術は、爛熟《らんじゅく》した文化に発展していったのです。ラクロの小説『危険な関係』は恋愛小説というより、男女の複雑な心理を読み解くミステリーのようです。

そして、現代のフランス社会では？

不倫をしている人はしていますが、どんな恋愛を選ぶのかは個人の自由という認識があるのでしょう、タブー視されることはありません。

しかし、当事者となるとそうもいきません。不倫が明るみに出たら、つまりパートナーに知られたら、修羅場を迎えるケースは多いでしょう。

不倫というものは、どれほど慎重に秘密裏に進めても、露見する可能性はあるものです。

パートナーの不倫から結局は離婚した**ローラ**によると、

「彼が浮気したからといって、それだけが離婚の原因ではないの。そのずっと前から、私たちの関係は上手くいっていなかった」

不協和音はずっと続いていて、毎朝、鏡の中の自分にあなたは幸せなの？　と問いかけると答えはノン、だったそうです。

「母親が言っていたわ。そういう時は、髪型か仕事か男を変えるべきだと」

髪型を変えることで解決すれば良かったのですが、そんな時、夫が浮気しているのを知ってしまったのです。

驚きというより、やっぱりという気持ちだったそう。

相手はローラも知っていた女性だったといいますから、離婚に至るまでには様々なドラマがあったに違いありません。

「彼は自分が男としてまだ魅力があるかを証明したかったのだと思う。わかるわ、私もそんな気持ちになるから」

皮肉にも離婚後、結局、元夫は若い彼女と別れたそうです。

そして現在のローラには、若い恋人がいるのです。

前の夫と同じように、20歳以上年が離れた若い恋人です。

しかも、その若い男性は既婚者なのだとか。

今度は彼女の方が不倫？　なにやら複雑な話です。

「別にそれは全く問題じゃない。これから結婚しようと思っているわけではないしね。私は今の暮らしが快適なの」

と、ローラはゆとりのある態度で微笑みます。

恋に「永遠」「束縛」「独占」は存在しないし、そんなことは、そもそも求めていないと。

彼らには、虚無の香りが漂っています。

めくるめくような情熱も、歓びも、人生の栄華も……すべては過ぎてゆくものだという人生の虚しさを知っている人たち。

まさに、諸行無常の世界感ですね。


改めて、不倫ができるのは、彼らのような人たちなのだと思いました。

泣いたり、わめいたり、騒いだりするお子さまには無理な世界です。

何らかのゴールを求めてしまう人に不倫は向きません。

結果よりプロセスを楽しめる人、つまり「今」が良ければそれでいいという境地にたどりついた人ならいいのでしょう。

こうしてみると、不倫とは、やはり贅沢なものなのです。

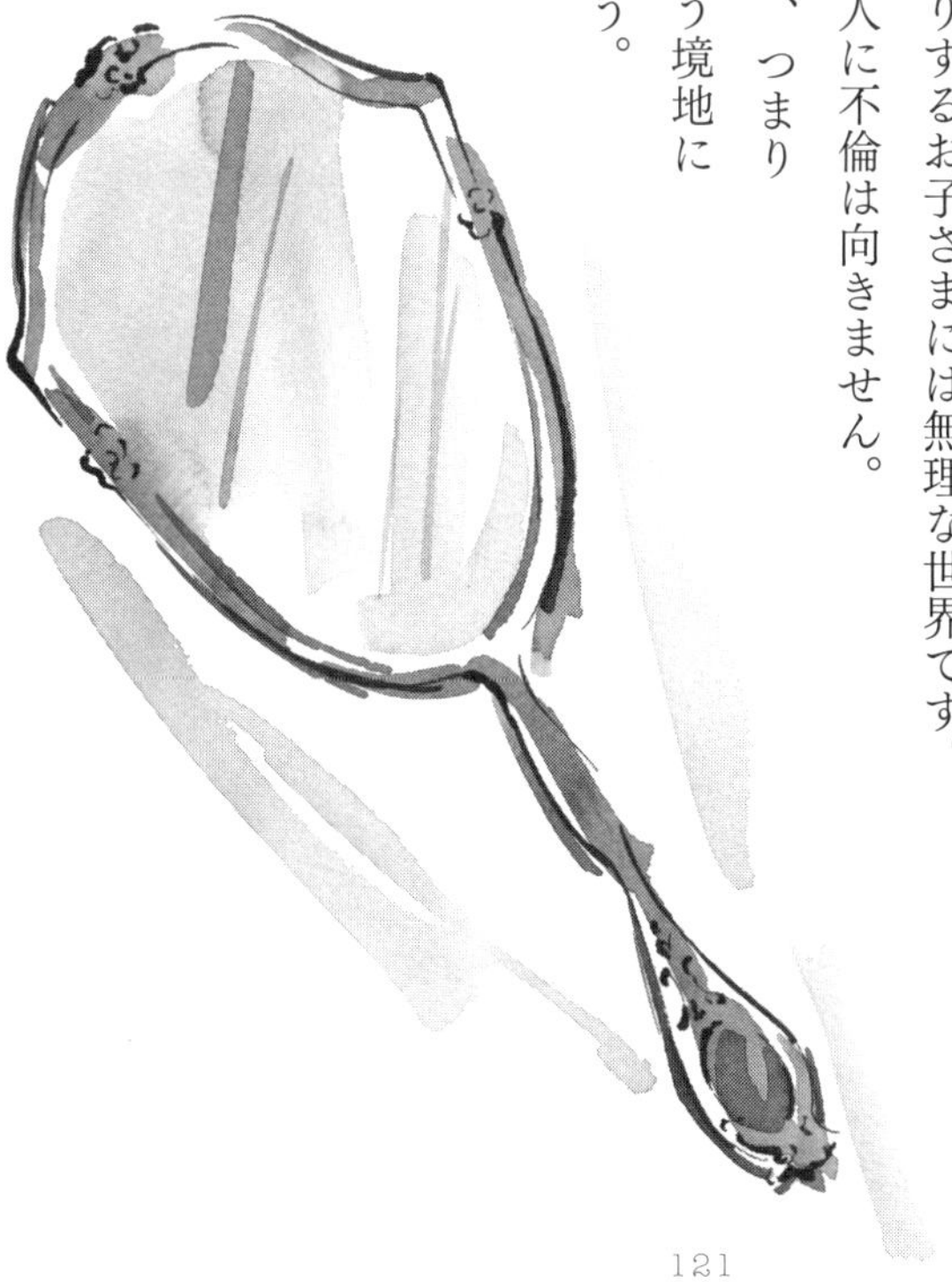

恋に数字は求めない

恋人が欲しい、結婚したいという日本の女性に「相手に望むことは？」と尋ねると、年齢は5歳上までとか、身長が170センチ以上、年収は600万円以上など数字を上げる女性が多いです。

「もちろん、それ以上に誠実さや相性の良し悪しの方が大切ですが、やっぱり年齢差がありすぎたり収入が不安定だったりすると、難しいと思ってしまいます」とは30代のある日本の女性。

ところがフランス女性は違うようです。理想の男性像に数字は出てこないのです。

現在恋人募集中の**アメリー**に「どんな男性がいいの？」と訊いてみたところ、「お互いにフィーリングが合う人。一緒に笑えて、いつもサプライズがあって人生を共に楽しめる人」という答えが返ってきました。年齢、身長、年収などの数字は入っていないのでしょうか？

アメリーは首を振ります。

「年齢は大して意味をもたないわ。ピエール（前の恋人）は20歳年上だったけれど問題はなかった。彼と別れた理由は別にある」

身長は？

「全然気にならない！　年上とか年下とかも気にしないし、何歳までと決める必要があるかしら？」

では、年収は？

「恋人に○○ユーロ稼いでる人っていう条件をつける？　ありえない。失業率が高いこの国でまともな仕事についているって、それだけでもすごいこと。私も働いているのだし、男性に養ってほしいなんて思ったこともない。一緒に協力できる人がいいわ」

という答えが返ってきました。

フランス女性は社会的にも経済的にも自分と同等の相手が相応しいと考えているようです。

アメリーも例外ではないというわけ。


「富裕層というか、ブルジョア階級の人と仕事を通じて会ったことはあるけれど、別にそれだけ。私とは関係ないわ。そういう世界の人は、同じ世界の人とカップルになるのでしょうし」

なるほど。自分とは別世界だと思えば、別に羨ましいという気持ちにもならないのですね。玉の輿願望はなく、もっと現実的で地に足がついているのです。


「fonder une famille（家族を作る）という準備ができている人がいいわ」

という言葉からも彼女の堅実さが伝わってきます。

一見、奔放な恋に生きているかのようなフランス女性ですが、ロマンスと堅実さを持ち合わせているのだなと思います。それは「恋に数字は求めない」からこそではないか、そんな風に思うのです。

溺れないのが大人の恋

ワインの仕事のために、パリとボルドー地方を頻繁に往復している**ローランス**。

忙しくも充実した日々を過ごしています。

彼女は2度の離婚歴を経て、

「私には妻という立場より、恋人、愛人、友人の立場の方がいいってわかったの」

と言います。

「初めの結婚では、（他に好きな男性ができて）私が出て行き、2度目は彼の方が（他に好きな女性ができて）出て行った。人生ってそういうものよ」

その話を聞いて、私は思わずう～んと唸りました。

因果応報とは言わず、さらりと流すところが、またいいではないですか。

そんなローランスは、程よい距離を保ちながら、ひそかに大人の恋を楽しんでいる様子です。

独身に戻った彼女には外国に住んでいる恋人がいますが、遠すぎてあまり会えません。

記念すべき55歳の誕生日も、仕事先のボルドーのホテルで迎えたそうです。

それは寂しかったわね、と言う私に、

「そんなことはないのよ。その反対！」

という答えが返ってきました。

聞けば、ずっと年下の彼と過ごしたというではありませんか。

彼は40歳過ぎということは、15歳ほど年下です。

「わぉ、それってどういうことなの？」

私の方が興奮してしまいましたが、ローランスはあくまでクール。

「彼は私よりずっと若いけれど、精神年齢は成熟した大人。尊敬できる仕事仲間でもある。誕生日のことはとても素敵な体験だったけれど、こういう関係は長くは続かないものなの」

それを聞いて、私の頭の中はクエッション・マークでいっぱいになりました。

初めから期間限定と決めているということ？
それは、つまり遊びということ？
ひとときのアヴァンチュール？
お互いに浮気だと？

正解は、そのどれでもないのです。

遊びでもなければ、一夜の恋でもない。

真剣な恋だけれど、分別を失ったりはしない。

相手の立場を思いやるこころのゆとりもある。

もちろん、自分の立場も。


彼女は自分の恋愛を枠に当てはめることはしないのでしょう。

「背徳的」「純愛」「不倫」「セックスフレンド」など、何かしらのレッテルを貼ったりしないのです。

もっと自由で、なにものにもとらわれない。

恋愛の情熱も、燃えるような欲情も、そして、それらがいつか色あせることも知っている。

人生の虚しさを知りながら、それでもひとときの情熱に素直に身もこころもゆだねてみる。

一度きりの人生だから。

そんな強さとしなやかさを感じるのです。

それ以降、ローランスからは、その秘密の恋の話が出ることはありませんし、私も尋ねたことはありません。自分の感情と行動をコントロールできる大人の女性だからこそ、密やかな恋が似合うのでしょう。

もしあなたが彼女のように、情熱とクールさを併せ持つなら、大人の恋に踏み出してもいいのではないでしょうか。

フランス女性は80歳でも恋をする

南仏に住む**ジネット**は、85歳。

手入れの行き届いた広い庭には、ラベンダーやミントのいい香りがしていて、ここを訪ねる度に私は南仏にやってきたんだな、と実感するのです。

ジネットは、20代半ばで結婚、娘にも恵まれて、平凡だけれど幸せな結婚生活を送っていました。


そんな幸せも、ある日を境に一変します。

突然、夫が心臓発作で亡くなってしまったのです。

自宅の庭を散歩していた時のこと、いきなり倒れて、そのまま帰らぬ人となりました。

彼はまだ60歳を過ぎたばかり、早すぎる最期でした。

その時、ジネットは50代……若くして未亡人となった彼女は以来、ひとり暮らしを続けてきました。

ひとり娘は18歳で実家を出てパリに住んでいますから、ジネットはもう30年近く女ひとりで生きていることになります。


ブロンドで、昔のダイアナ妃のようなヘアスタイル、近所のマルシェに買い物に行くにも小ぎれいにお洒落して、アクセサリーもつけて。

いつもお洒落でエレガントで、彼女が85歳だといわれても、私には信じられませんでした。若く見えるというより、年齢を感じさせない雰囲気があるのです。

ジネットのような素敵な女性なら、今まででいくらでも新しいパートナーと暮らしたり、再婚することも可能だったろうと不思議でした。

でも、そんな話は聞かない。

彼女は広い家にひとり、猫と住んでいました。

ところがある年の夏、そんなジネットの恋物語を聞く機会がありました。

ジネットの家の庭に、友人たちが集まった席でのことです。

(そうでしょうとも。ジネットなら当然でしょう)

私はどこか安心した気持ちになっていました。


ジネットの恋のストーリーは、こうです。

彼女は、妻を亡くした元・大学教授のアルノーとこの数年間、つき合っていたというのです。

二人は以前から知り合いだったそうですが、ある時彼から、

「僕の人生の最後のパートナーになってほしい」

と言われたそうです。

彼は長い間、ジネットにひかれていたのです。

尊敬と友情の間に恋心が芽生えていたのでしょうか。

以来、二人の恋が始まりました。

一緒に買い物やコンサートに出かけたり。

そのうち、彼は時々、彼女の家に泊まっていくように。

ジネットの家の庭には、彼の赤い車が止まっているのが見られるようになったのです。こうして、お互いの子どもたちにも祝福されながら、80歳を過ぎてからの恋は始まりました。


なんて、素敵なのでしょう。

80歳を過ぎても恋ができるなんて。

私は驚きと羨ましさでいっぱいになりました。


そして、80歳で恋をする。

そのことについて、まわりのフランス人は誰ひとり、「その年になって……」「年がいもなく……」「今さら……」といった反応を示さないのです。

誰もが「出会いがあって良かった」「恋をするのは素晴らしい」と祝福してい

ます。

彼らはいくつであっても恋愛をするのは自然なことだと考えているのです。

その通りです。

恋に落ちること、人を愛することに年齢は関係ないのです。


しかし、ジネットの恋は、ある日を境に終わってしまいます。

去年のこと、アルノーはひとり暮らしをしていた家で、突然、亡くなってしまったのです。

別れの時がやってきたのは、今回も唐突でした。

その朝早く、アルノーはジネットの家を出て行ったということ。

虫の知らせか、ジネットは彼が家に着くだろう頃何度も電話したそうですが、彼は出なかったそうです。

「何かが変だと思った」

もう少しタイミングが良ければ、彼をひとりで死なせることはなかっただろう……。

「なぜ、あの朝、もっと彼を引き止めなかったのか。今でも後悔しているの」

彼女は涙ぐんでいました。

愛する人の死は、ジネットをすっかりやつれさせてしまいました。

家に閉じこもることが多くなり、自慢の庭にも姿を見せなくなってしまったのです。

(そんなことがあったなんて)

南仏の真夏、パリでは聞くことのない、ジィー、ジィー、ジィー……というセミの鳴き声がひっきりなしに聞こえてきます。

「でも、あなたたちが支えてくれたお陰で今の私があるの」

ジネットは椅子から立ち上がると、その場にいたひとりひとりに「メルシー」とビズをしていました。ジネットの友人たちは、ずっと温かく彼女のことを見守っていたのでした。

白いガーデンテーブルの上には、いつのまにか冷えたロゼ・ワインや南仏らしくパスティス（アニス、ういきょうから作られたお酒。味も香りも強くて、独特のクセがある）、オリーブやトマト、生ハムなどが並んでいました。

その夜は、2人の愛する男性の死を乗り越えたジネットの再生を祝うパーティーのようでした。

終始笑顔だけれど、時折メランコリックな表情を見せるジネットに、彼女の古い友人のマダムが、

「だけど、そうなるのが運命だったのよ。あなたもアルノーも幸せだったわよね。誰にでも起こることじゃないのよ、そんなことは」

と言いました。

私も、彼女の言葉に深く頷いていました。

ジネットの80歳の恋の物語は、まるで神様からのプレゼントのような気がしていたのです。

それまで色んな思いを抱え女ひとりで生きてきた彼女。

そんな彼女に神様はロマンスというプレゼントを用意したのではないか、と思えるのです。

彼の死は悲しいことですが、恋の歓びがあったからこそ、別れの悲しみもある。どれほど愛し合う二人にも、いつかは別れの時が来る、という事実が身にしみるのです。

だからといって私たちは、

「どうせ別れがやってくるのだから、別に恋なんてしなくてもいい。パートナーも要らない」

と思えるでしょうか？

答えは、もちろんノンですよね。

80歳の恋の物語は、私に勇気を与えてくれました。

メルシー、ありがとう、ジネット。

私たちも80歳になっても現役でいられるよう、恋ができるよう、今から準備しておきましょう。

そう考えていけば、年を重ねるのも楽しみになってくるから。

失恋はチャンスを運んでくる

恋に破れて、これで私の人生は終わり、と打ちひしがれるのは世界共通の女性の心理です。

中には、ひとつの恋に破れたことで、何年も、時には生涯にわたって、その傷を抱え続ける人もいます。

自分に呪いをかけてしまっているのです。

私の恋は実らない、私は愛される価値はない、と。

自己イメージは下がり、自信をなくし、人生の歯車まで狂い始めます。

一方で、失恋をきっかけに人生が一気に開けるという女性がいます。

同じような体験をしても、その後が全く違うなんて。

どうせなら、こちらの方がいいに決まっていますよね。

パリ市内に、小さなエステ・サロンをオープンさせた**ヴァランティーヌ**は中国系ベトナム人の父とフランス人の母を持つパリジェンヌです。

東洋の「気」や「経路」といったアプローチを取り入れた、癒しの空間を作りあげました。

クリーム色と淡いブルーでまとめられた、豪華ではありませんが、センスの良い心休まるインテリアも素敵です。

サロンは、高級なタイマッサージ・サロンなどが並ぶ一画にあり、競合が多くて大変なのではと心配しますが、実は正反対なのだとか。

「お客さんが多いエリアなので楽なのよ。今度はあそこに行ってみようかしら、と来てくれるから」

どうやら彼女、なかなかのビジネス・センスの持ち主のようです。

彼女の成功の原因、それは5年前の失恋に遡ります。

ヴァランティーヌは、ある時、婚約していた彼から突然、別れを宣告されました。彼が女性にモテるのは知っていましたが、二人がつき合っている間、一度も他の女性の影を感じることはありませんでした。

が……フィリップは、その時、他の女性に心を移していたのです。

それも、ヴァランティーヌがよく知る女性に！

その女性をフィリップに紹介したのは、他ならぬヴァランティーヌでした。

「私にはやりがいのある仕事もあった。温かい家族も、良き友人にも恵まれていた。それなのにフィリップが去って行っただけで、私の人生は終わったと思ったの」

失意の数ヶ月を送った後、彼女は大胆に人生を変えることにしました。

パリの生活一切を引き払い、ロンドンに引っ越したのです。

彼のことを忘れるためでした。

ところが、逃げるように行ったロンドンで、彼女はホリスティック美容、心と体の健康法に出会ったのです。

何が災いして何が幸運をもたらすのか、わかりませんね。

「あの出会いは必然だった」

と語る彼女。

これだ、とひらめいたヴァランティーヌは、学生に戻って一から猛勉強。数年後、パリでサロンをオープンさせました。

「以前の私だったら、フィリップと結婚して子どもを産んで、あのまま定年まで会社に勤める、それが自分の人生なんだと思っていた。それが180度も変わることになるなんて。やりたいことを自分で決められる、それが実現できるって凄いことだと思うのよ」

ヴァランティーヌは目を輝かせて、そう語ります。

私も同感です。
人生ってわからないものだなあ、と思います。
失恋には「やる気」がアップする効果があるのですね。
これを活かさない手はありません。

失恋後に人生を大きく変えたヴァランティーヌのように、環境を変えて仕事運が上がったり、以前から学びたかったことに挑戦したり。もっときれいになろう、というモチベーションが高まり、美容やお洒落に気を使うようになったり。それまで、いくらジムに行っても続かなかったのに、失恋がきっかけであっという間にダイエットに成功。引き締まったプロポーションとピカピカのお肌を手に入れた女性もいます。

こんな風に結果が出るのは、やる気だけではなく、本気度が違うからでしょう。
ただし、フラれた相手に復讐してやろう、相手を見返したいという動機からではなく、あくまでも自分のために、というのがポイントです。

周りのフランス人女性に「どうしたら失恋から回復できるの?」と訊いてみたところ、

「簡単でしょ。次の人を探せばいいのよ」

「上手くいかなかった相手は、ニセモノだった。今度は本物の出会いが近づいていると思えばいいの」

「私はちょっと贅沢をして、自分を甘やかして、その後、再デビューしたわ。友だちに、私シングルになったからって伝えて……。そうしたら、色んなパーティーに呼ばれるようになって、夫になる人と会ったというわけ」

など前向きな意見が多数でした。

失恋して落ち込んでもいいけれど、自分を責めない。

なるべく早く、新しい出会いに向かって動く。

そのあたりがポイントのようです。

あなたもひとつの恋が終わったら、苦悩と悲しみに暮れる日々に、どこかで幕を引きましょう。

その恋は、終わるべくして終わったのです。

中途半端な状態でいるよりも、むしろ、はっきりと結論が出て良かったではないですか。

パリジェンヌのように、堂々と顔を上げて、凛として立ち上がりましょう。

その時、運があなたの味方をしてくれています。

男性には尽くさない

女心とは、きまぐれなもの。

秋の空のように、予測がつかないのです。

月の満ち欠けと女性の心身のリズムが関係しているように、ちょっと移り気だったり、わがままだったりするのは自然なこと。それを理解して自分の魅力の一部にしてしまえばいいのです。


相手に合わせすぎたり、気に入られようとすればするほど、結果は反対になってしまう。

愛を手に入れるためには、こうでなければ、と自分の本心を隠して「いつも良い子」でいる必要はないということ。

愛されようとすれば、愛は逃げていく。

「私を愛してほしい」オーラほど女を下げるものはありません。

あなたに夢中な男性から、どうか僕を愛してほしいと懇願されるような濡れた目で見つめられたら……あなたは引いてしまうでしょう。

皮肉なことですが、愛されるには、無理に愛されようとしないことなのです。


この点でも、フランス女性に学ぶところは大です。

ヌーヴェルヴァーグと呼ばれた頃の1950年代末から1960年代にかけての映画のヒロイン像が今でも古くさくないところには驚かされます。

かつてジャンヌ・モローが演じたヒロインのように、情熱的で大胆だけれど、アンニュイでどこか醒めている、そんなつかみどころがない女性。

チャーミングですよね。

男たちは、そんな彼女にすっかり魅了され、ますます彼女を追いかけます。

男性には潜在的に、魅惑的なFemme fatale（ファム・ファタル　運命の女、魔性の女）と出会って翻弄されてみたいという願望があるのです。

それなら、時にはその願望を満たしてあげましょう。

愛されたいオーラを封印して、男性には尽くさない。まず、これだけでも実行してみましょう。

第4章

美人オーラは自分で創る

背筋を伸ばせば
自信が生まれる

先日、中々予約が取れないというパリの人気レストランに行きました。

予約をしたのは日本在住の友人で、彼女が日本から予約をしてくれたのです。

お店の雰囲気も料理もワインもサービスも良かったのですが、印象的だったのは、そこで働いていたソムリエール、30代半ばの女性です。

彼女の背筋が伸びたきれいな姿勢ときびきびした立ち居振る舞いが素敵でした。

「何だか彼女、いい感じ。目立つわよね」

友人も私も気がつくと、彼女の姿を目で追っていました。

顔立ちや表情、服装よりも姿勢がいいと目立つものなのですね。

長いワインリストを見ていると私は頭が痛くなり、ワインに詳しい友人は興奮して、どれにするのか決められないでいると、そのソムリエールから、

「こちらはいかがでしょうか」

とブルゴーニュの白ワインを勧められました。

もちろん、私たちが全面的に彼女を信頼してその勧めに従ったことは言うまでもありません。その選択が間違っていなかったことも。

何も語らなくても、自分の仕事に自信と誇りをもって働いていることが伝わっていたのです。

その自信が伝わって、私たちも彼女を信頼できるようになるのでしょう。

まさに良いスパイラルです！

東京から数日だけのパリ滞在にやってきた友人は、

「彼女もそうだけれどフランスの人は姿勢がいいわね。お洒落とかセンスがいいとか言う前に、背筋が伸びていて歩き方がきれいな人をたくさん見かけたわ」

ファッション関係で長く働いている彼女ですが、服より姿勢だというのです。

そうよね、と気を抜くと猫背になりがちな私も反省。

「若い人たちだけじゃなくて、年配のマダムもしゃんとしているし。男性も肩幅があって胸板が厚いからコート姿がさまになってる」

とはいえ、日本人に多い華奢な体型でも同じこと。

体型に関係なく、姿勢良くはできますよね。


どんなに美人でお洒落な着こなしをしていても、背中を丸めてドタドタ歩いていたら台無しです。

反対に姿勢が良くて優雅な立ち方、歩き方、身のこなしをマスターしていれば、数千円の服を着ていても、数十万円の服に見えるでしょう。

私たちも、たった今から背筋を伸ばし、スピーディーに、かつ優雅に歩きましょう。それだけで気持ちも前向きに明るくなり、自信を持っているように見えます。そして、いつのまにか本当の自信を持てるようになるのです。

※

パリの住宅街でダンス・スタジオを持つ**エリザベット**はさすがに元・バレエダンサーというだけあって、姿勢美人です。

40代で双子の男の子のママとなり、その半年後には元の体型に戻っていたという彼女。やる気と行動力に溢れています。

ある日、そんなエリザベットのスタジオに母親に連れられた**カティ**がやって来ました。

バレエ教室を見学させてもらえないか、というのです。

カティは美しい顔立ちでしたが、表情は暗く少女らしい面影は見当たりません。

「この子はきれいで成績もいいのに、引っ込み思案で下を向いて歩くクセがあるのです。このままだと猫背になって、16歳にしてお婆さんのようになってしまう」

母親は心配していたのでした。

外国から引っ越してきたカティは自分のフランス語に自信がありませんでした。フランス生まれではないし、独特なアクセントがあるので、時々、わかってもらえないことがある。

そんなことが続くうちに、自信をなくし、時々、言葉につまったり、どもるようにもなってしまったのです。

そうして、ますます引っ込み思案になり、友だちと会うのも避けるようになってしまったと。

自信がないと、知らず知らずに前屈みになり、下を向いてしまうもの。

「ボンジュール・マダム、初めまして」

と挨拶はしたものの、カティは誰とも目を合わせようとしませんでした。

エリザベットは彼女に何も指示しませんでした。

毎日のように学校帰りにスタジオの風景を見にくるカティに、ただそこにいて見ているだけでいいのよ、と言うだけ。

ところがそれだけで、少女は変わっていきました。

ダンス・スタジオにいる背筋が伸びて美しい女性たちを見ているうちに、彼女たちを見習って、自分も堂々とするようになっていったのです。

そうすると周りが気がついて、すぐに褒められます。

「カティ、最近、すごくきれいになったわね」

「あなたもやってみる？」

驚くことに数ヶ月後、カティは正規のバレエのクラスに入るようになり、その頃には、アクセントなど気にせずに堂々とフランス語を話すようになっていました。

気がつくと、吃音《きつおん》のクセまですっかり消えていました。

今からでも遅くはありません。

背筋を伸ばして、颯爽と歩きましょう。

ブランドや流行に飛びつかない

自他共に認めるお洒落の達人、友人の**エレナ**から、

「今度の週末、ソルド（セール）に行かない？」

と誘われ、すぐにOKしました。

女友だちとソルド巡りをするのは、楽しいですよね。

私は別に欲しいものはなかったので、何も買わないだろうけれど久しぶりにエレナに会いたいと思い、出かけました。


フランスでは年に2回、大掛かりなソルドがあります。

エレナと待ち合わせをしたフォーブル・サントノーレ界隈は、高級ブランドの

ブティックがずらりと並んでいるところ。

ウインドウ・ショッピングをしながら、ブラブラと歩くだけでも楽しいエリアで、世界中から観光客が集まっています。

いかにも〝高級〟という店構えでドアを開けるのがためらわれる店もありますが、ソルドの時は入りやすい雰囲気。

エレナは、あるブランドのカシミアのニットのアンサンブルとミュールがお目当てだそうです。事前に実際に品物を見ていて、色やサイズ、値段もしっかりチェックしているのです。

しかし、お店を覗いたのですが、既に売り切れということでした。

「仕方ない。来年はシーズンの初めに定価で買うことにするからいいわ」

そこでエレナのショッピングはおしまい、となったのです。

それでも、私たちは何軒かブティックを回りました。

せっかくサントノーレにやってきたのですから。

何軒目かに入ったファスト・ファッションのブティックで、私は紺のシンプルなワンピースを見つけました。

無地なのですが、ふくれ織りのように地模様が浮き上がった凝った素材で、お値段の割に高級感があります。

ちょうどレディ・ライクなファッションが流行している時でしたから、まさに旬の服といえます。

が、素材をチェックしたところ、コットンと化学繊維のミックス。

「やっぱりね」とエレナと顔を合わせます。

お洒落なエレナは素材に厳しく、コットンやシルク、カシミアなど天然素材を選ぶ人なのです。

「白のTシャツならコットン100パーセントを選ぶけれど、このドレスなら、この素材でOKだと思う」

エレナの許可が出たところで、試着してみるとピッタリ。

私は迷わず「これをいただきます」とお店の人に言ったのですが、そこでエレナから、

「サイズがあなたに合っていない。もうひとつ下のサイズを着てみるべきよ」

と、待ったがかかったのです。

(私にぴったりだし、これでいいのに)

と思いながらも、エレナの勧めに従ってワンサイズ下の同じ服を着てみると、あら不思議。

本当にジャスト・フィットするのです。

全く同じ服なのに、どこか印象が違う。

ずっと、垢抜けて見えるのです。

数センチでこんなにも違うなんて、と驚いたものです。


お洒落なフランス女性は、ファスト・ファッションのセールで買う洋服1枚でも、ここまで厳しく選ぶのです。

サイズだけ見て試着もしないで買ってしまうこともある私とは違います。

その後、勢いづいた私は、違うブティックでサンダルも買いました。

たまたま自分のサイズが残っていたので、何となく選んだのです。

ソルドではこれを買う、と決めていたエレナは結局何も買わず、気がつくと、ただついていっただけで何も買うつもりがなかった私の方が買い物をしていました。それも2点も。完全な衝動買いです。

まだまだ、パリのマダムへの道は遠いなと思ったのでした。

フランス女性は自分のスタイルを持っている

スタイルを持っている女性は、「自分が誰であるか」がわかっています。
何が好きで、何が自分に似合うのか。
自分の長所を引き立たせるヘアスタイルやファッションを選んでいます。
さらには、どんな印象を与えたいのか。どんなパーソナリティーを持つ女性なのか。
そんなことも、さり気なくアピールできるように気を使っています。
自己プロデュース能力ですね。
そんなスタイルのある女性は、自分の定番を持っています。

時々、近所のお店で見かけるマダムは、いつもシンプルなニットのトップスに膝丈のスカート、ローヒールのパンプスです。

もう何年も同じ。でもクラシックで無難なわけではなく、とびきりモダンでお洒落上級者という感じです。それは、いつも存在感があってボリュームあるアクセサリーをつけているから。ゴールドやパール、クリスタル、珊瑚などの個性的なジュエリーが似合っています。そして、いつも髪はきれいにセットされているのです。

ワンパターンのようだけれど、ニットの色が黒だったりパステルカラーだったり、プレーンなパンプスのデザインは一緒でも、この間は赤の型押しのクロコだったりして、とにかくお洒落なのです。

挨拶しかしたことのない間柄で、マダムの名前も知らないのですが、彼女のスタイルは私まで楽しませてくれます。

一方、友人の**クララ**の装いの定番は黒と白が基調。白いシャツに黒の細身のパンツかタイトスカート、パールかダイヤモンドのピアス、足元は黒のハイヒールかバレエシューズといったシンプル&シックなスタイルです。肌の露出も控えめ。でも地味ではない。鮮やかな赤のストールをふわっとまとっていたり。

彼女たちはどのようにして、自分のスタイルを確立していったのでしょうか？クララに訊いてみました。

「そうね、スタイルは時間をかけて作り上げられるもの。だから焦ることはないし、始めからこれと決め付けないで色々と試してみたらいいと思う。私だって昔はヒッピーだったしね」

学生時代はよくデモに参加していたという彼女、その頃は今とはまるで違うスタイルだったのです。

「そのうち、自分がしっくりきて、周りからもあなたらしいと言われるスタイルが見つかるわ」

ファッションだけでなく、しぐさや声のトーンや話し方もふくめて「ああ、あの人らしいな」と認知されるようなもの。それがスタイルなのでしょう。

長い間ファッション業界にいて、本物、贅沢なものに慣れ親しんできた彼女ですが、最終的には「豪奢なモードより生成りのコットンが好き」という結論に達したそうです。

ということは、何年か先には彼女のスタイルはすっかり変わっている可能性もあるということ。

私たちも変化を恐れず、自分に似合って心地よいスタイルを求めていきたいものです。

フレンチなワードローブの揃え方

6月の爽やかな季節、マレ地区にある**クリスティーヌ**のアパルトマンを訪ねました。

「狭いけれど快適よ」

と聞いていたので、楽しみにしていたのです。

それまで、クリスティーヌは近所にある大きなアパルトマンに住んでいたのですが、

「初めは夫がいて、娘たちがいて」

その後離婚して、娘さんたちも独立して家を出ていきました。

ひとり暮らしになったクリスティーヌは、それまで住んでいた家を売って、新

しいアパルトマンに引っ越してきました。

蔦がからまる外観、重厚なグリーンのドアを開けて廊下を歩いていくと、ガラス張りのモダンなロビーがありました。

隣の修道院の庭には薔薇が咲き誇っています。

クリスティーヌのアパルトマンは、中庭に面したリビング、キッチン、寝室という間取りで、ひとり暮らしには十分な広さだと思うのですが、

「今まで住んでいた場所の6分の1になった」

そうで、彼女にとっては狭いということなのでしょう。

「とにかくあらゆる物を捨てたわね」

といいます。

「わかるわ。引っ越しは物を整理する良い機会よね」

「そうなの。思い切ったわよ、私」

それまで持っていた物をほとんど処分したというだけあって、アパルトマンの中はどこも整然としています。

余分なものが目に入らない空間というのは気持ちのよいものです。

寝室にある壁一面のクローゼットを開けて中を見せてくれましたが、整然としていて、その美しさに驚きました。

隙間無く服が並んでいるということはなく、空間の2、3割は空いています。

バッグもアクセサリーも靴も、すべてが収まっています。

「ここに入っていないのはコート類だけ」

コートは玄関脇に専用のクローゼットが取り付けられ、そこに収まっていました。


クローゼットが片付いているのは、やっぱり数が少ないからなのです。

本当に気に入ったものだけしか持たないのですね。

あとは捨てるというより、初めから買わない。

洋服も靴もアクセサリーも、一定の数を決めて増やさないようにしています。

日本では片付けがブームになって久しいですが、クリスティーヌのクローゼットは本を読んだり、セミナーに行かなくても、片付いているのです。かといって、ミニマリズムとも違う。

ガラスのモダンなテーブルにルイ15世スタイルの華やかな椅子を合わせていました。

冷たい空間ではなくて、サロンや寝室には花が飾られていて女らしい雰囲気。

私が今まで見てきたところ、クリスティーヌに限らず、フランス人のクローゼットはすっきりしていました。

数ではなく、自分らしくて着心地が良くて、本当に気に入った服だけを揃えているのです。ブランドや値段にもこだわっていません。ある友人は赤十字のバザーでなんと5ユーロで買ったというサンローランの黒いジャケットに、自分で赤いパイピングをしていました。

パリで暮らすようになってから、私も本当に必要なものは数少なくてＯＫだと実感。今では少ないワードローブで暮らしています。例えばこの春夏は、白のスリムなジーンズと白のジーンズ素材のタイトスカート、それから黒と紺の２セットのアンサンブルニットを基本にしました。

これだけで何通りにも着回せるので便利です。

あとは以前から持っている麻のスーツやパンツ、ワンピースを活用。今シーズン、それにプラスしたのはお手頃プライスの白いレースのワンピース１着だけ。デポバントとよばれる古着の店で購入したものです。

少ないワードローブで暮らしていると、気持ちもすっきりしてきます。

リトル・ブラック・ドレスを華やかに着こなす

petite robe noire（プティット・ローブ・ノワール）とは、直訳すると小さな黒いドレス、シンプルなデザインの黒のドレスのこと。

1920年代にシャネルは黒いドレスを発表、あっという間に成功を収めました。それ以前は喪服のイメージだった黒い服を、お洒落なモードに変えてしまったのです。

英語ではリトル・ブラック・ドレスと呼ばれ、女性なら誰でもワードローブに揃えるべき服だと言われています。

シンプル&エレガンスの象徴ともいえる黒いドレスは、すべての女性を素敵に見せる、マジックをかけると。私たちもシンプルな黒いドレスを自分らしく着こなしてみたいものですね。

先日、ヴェルサイユで開かれた友人の結婚を祝うガーデン・パーティーに行ってきました。そこでも黒いドレスを素敵に着こなした女性たちに会いました。ひとりは、花嫁の古くからの友人という**エマ**です。パリ生まれの生粋のパリジェンヌですが、スペイン、ブラジル、フィリピンなどの血を引いているエキゾチックな美女。まさにコスモポリタンという言葉がふさわしいマダムです。

その日のエマの装いは、上質な仕立てであることがひと目でわかる、カットの美しいシンプルな黒のワンピースでした。

直線的なラインのドレスが、エマの女らしいプロポーションをいっそう引き立てています。豊かなバストとヒップ、細い足首……。女性は痩せていればいいというわけではないのだ、と改めて感じます。ドレスを着こなすには、ある程度肩幅があって、筋肉がついている体型が理想なのだと。

その点で、エマこそドレスが似合う女性でしょう。

髪はシニヨンにまとめ、パールのロングネックレスと黒いエナメルのピンヒールのパンプス。そして、手にしていたのは黒の繊細なレースの扇子でした。暑さのために扇ぐのではなく、アクセサリーとして手にしているのです。

「その扇子、素敵ね。アンティーク？」

「そう、マドリードの朝市で見つけたのよ」

そう言うと、ゆっくり、妖艶に扇いでみせてくれました。

もうひとりは**アストリッド**。20代後半のマドモアゼルです。黒のクレープデシンの膝上丈で上半身はピッタリ、スカート部分はふんわりの絶妙なバランスのドレスが素敵。ブロンドのロング・ヘアにオレンジブラウンの口紅、飾り立てないナチュラルな着こなし。

お嬢さんぽくて品が良くて、透明感があって何て魅力的な人なのかしらと、私はしばし見とれていました。

ブラックドレスのポイントは、無難な着こなしができるからという理由で選ばないことでしょう。そして、服がシンプルなのだからと過剰に付け足さないこと。作りすぎたヘアスタイルにしたり、これでもかとアクセサリーをつけたりせずシンプルに。それを心がけてみましょう。

素顔よりセクシーにメイクする

まったくの素顔より、ナチュラルなメイクをしていた方が女性は魅力的でセクシーに見えるもの。

メイクをしてきれいになることは、女性にとって精神的にもいいことと言われています。

老人ホームにいるお年寄りの女性にお化粧を施したら、鏡に映る自分の顔にびっくり、明るくイキイキとして元気になった、という話も聞きます。

お化粧することがセラピーのような効果を持つということです。

男性から見ても、素顔を引き立てるような自然なメイクをしている女性に魅力を感じるといいます。

パリの街で見かける素敵だなあ、と感じる女性は、皆、その人に合った自然なメイクをしています。


ナタリーは2人の子どもを持ち、フルタイムで働いている多忙な女性。

彼女は、いつも赤い口紅をつけています。

もちろん、すごく似合っています。

それが彼女。

もっとも、いつも同じ口紅ではなく、何本かのお気に入りを揃えています。

仕事の時、カジュアルなファッションの時、パーティーや夜のお出かけ用と、同じ赤い口紅といっても、それぞれ違う赤なのです。


休日で出かける予定もなく1日家にいるだけという時でも、口紅をつけているというナタリー。

その方が気持ちが落ち着くのだとか。

もちろん彼女が手にする口紅の色は赤です。

それほど彼女になじんでいるということなのでしょう。

「素顔で外に出るなんて考えられない。まさか裸で外出する人はいないでしょう？」

そう言うのは**レア**。

パリ郊外の一軒家に夫と息子と犬と住み、パリ中心地の弁護士事務所で働いています。妻であり母であり、働く女性であり、と多くのフランス女性と変わりありません。

仕事柄、彼女がかちっとメイクをしているかというと、全く反対なのです。

「え？　あなたほとんどメイクしていないように見えるけれど」

「そんなことないのよ。昔、さんざん肌を焼いたからシミも気になるし。でも、シミを隠したいからというよりメイクしている方が気分がいいの」

「夫、息子、2匹の雄犬に囲まれているせいか、ちょっと口紅をつけただけでもきれいだね、と言われるのよ。女ひとりって得よね」

仕事に行く時はもちろん、週末のプライベートタイムこそ、念入りにメイクをすると言います。

じっくりナチュラルなメイクをするのですね。

「オフになるとだらしない格好をして、ノーメイクでいるというのは私は好きじゃないわ」

レアがナチュラルなメイクを欠かさないのは、自分のためでもあり、愛するご主人と息子のためでもあるのです。

私たちも、毎日、素顔のようで素顔より美しくセクシーに見えるメイクをしたいものです。

誰にも会う予定がなくても、特別な日でなくても。

きれいでいると、自分自身でいることが心地よくなりますから。

土曜日は赤いネイルで気分を上げる

最近、何となく疲れが取れないような気がする。

ちゃんと食べて寝て、運動もして健康的な生活をしているつもりなのに、鏡の中の自分を見ると、今ひとつさえないような気がする。最近、マンネリの生活になっているのかも。特に面白いこともないし……。やっぱり年のせいかな。

そんな気分になってしまうことも、ありますよね。

もし、あなたがそんな風に感じているのなら、女を磨くチャンスです。

退屈したり疲れているのは、あなたの気持ちです。

面白いことは待っていないで、自分でつくるもの。

好奇心を失わずに、気分が上がる小さなことを試してみませんか。

土曜日の朝バゲットを買いに外に出ると、向かいのネイルサロンから**マルゴー**が出てくるところでした。

彼女も私に気づいて、両手をこちらに向けて高く上げて満足そうに微笑んでいます。

（見て、見て、私の手を。キレイでしょ）

と言っているのです。

サロンで整えられた短い爪には、赤いマニキュアが塗られています。

私は信号を渡って、あらためて素敵なツヤツヤのネイルを確認しました。

「ルージュ・フェラーリね」

イタリアのスポーツカー、フェラーリを思い起こさせる鮮やかな赤いネイルの色。実際にはそういう名前の色ではないのですが、マルゴーと私は、そう呼んでいます。

エレガントで洗練されていて、女らしいパワーを感じます。

マルゴーにぴったり。

彼女はパリ郊外の病院で働きながら、ひとり息子を育てるシングル・マザーです。仕事柄、普段は爪を伸ばすことも、マニキュアもできません。薬品で手を頻繁に洗うので、手荒れにも悩んでいました。おまけに爪を噛むクセもあるので、爪はボロボロになっていましたが、職業柄もあって「仕方ない」と諦めていたのです。

日本から戻る度に私がネイルをしているのを見て、「何てステキなの。日本人は本当に器用でセンスがいいのね」と感心していた彼女。

私は凝ったネイルアートはしないのですが、それでもフランス人の目からすると「すごい」と映るようです。

パリにもネイルサロンはたくさんありますが、ケアやシンプルなカラーが中心です。

「こんなにボロボロの手にネイルはできないわ。すぐに取らなくてはいけないし。それに忙しくて時間もないの」

と言っていたのですが、近所のネイルサロンを紹介したところ、マルゴーは時々通うようになっていました。

「手元がきれいだと気分が上がるわね」

マルゴーは言います。私も同感です。

ほんの小さなことでも女性は気分が上がるもの、これは男性にはわからない感覚でしょう。

マルゴーの赤いネイルは、週末だけの期間限定です。

そのためにサロンに行くのは、ちょっと贅沢という感じがするかもしれません。

でも、思わぬ効用がありました。

「信じられないわ！　16歳の時から爪を噛むクセが直らなかったのよ」

それが止められたといいますから、気分が上がる以上の効果があったのです。

止めたいクセは「止めよう」「止めなくては」と意思の力で何とかしようとし

ても、止められないものなのかもしれませんね。

私たち女性にとって、自分に手をかけてあげることって大切です。自分を大切にすることで自尊心もアップするといいます。それで、家族やパートナーとの関係も良くなるのだから不思議です。

あなたの「気分が上がる」ことは何でしょうか？

普段はできないけれど、こんなことをしてみたいということ。女を磨く、ちょっとしたメンテナンス。少し贅沢な気分になれること。ときめきが感じられることです。

薔薇の花びらを入れたお風呂に入ること、クローゼットにしまいこんだままのとっておきのパーティードレスを着て1日過ごすこと……。思いつくままにリストアップして、早速、試してみましょう。気分も女っぷりも上がること間違いなしです。

見えないものを身にまとう

その人の雰囲気を作っているのは、ファッションやメイク、身につけているものだけではありません。

外見以外の何か、目に見えないものが、その人の外見に現れているのです。

お洒落の仕上げは、その見えないものにあるということをフランス人は知っています。

フランス女性は、香水やランジェリーに凝っている、というイメージが定着しているようですが、女性だけではありません。

男性の関心度がきわめて高いのです。フランスの男性は生まれつきなのか、セダクション（誘惑する・されること）を大切にしているのですね。


「黒い髪の女性には甘い香りが似合うね」

女性の香水について、ある男性が言った言葉です。

特にお洒落や香りについて詳しかったり興味があるタイプには見えなかったので、その考察には驚きました。

それが本当かどうかは別として、彼には自分なりの意見があるのですね。

「シンプルな白い下着の方がセクシーだよ」

と言った男性もいます。

彼も特に垢抜けた趣味の人ではありませんでした。

「その香りは強すぎて君には似合わない」

「いい女はジャン・パトゥの香水をつけるべきだ」

などなど、ありがたいやらウルサイやら。

けれども、そんな男性がいるせいで女性たちもますます磨かれていくのかもしれません。

「今まで色んな香りを試してきたけれど、何年か前、ついに自分の香りと出会ったから、今はそれをつけている」

ソフィーは、自分の香りを決めています。

シャネルの限定版の香水で「彼にも、一番君らしいねと言われてるの」。

そんな彼女はランジェリーに関してもこだわりがあって、それはメイド・イン・フランスであること。

近年、労働力の安い外国製に押されている、フランスのメーカーを守りたいという気持ちからなのです。

「それになんといっても伝統あるフランス製ランジェリーは素晴らしいわ。レースひとつでも違うの」

美しいランジェリーを買うのは、年に2回、クリスマスの時期と自分の誕生日にまとめて。

衝動買いはしないのですね。

どちらかは彼からのプレゼントだそうです。

ランジェリーひとつにも、ポリシーを持っているのはさすがです。

先日、一緒に映画を観に行った**ジョエル**も、とても良い香りを漂わせていました。

映画を見ている間、隣から時々、ほのかに良い香りがしてきたのです。

甘いお茶のようなレモンやオレンジのような、ジャスミンのような白い花のような香り。

ずっと気になって、

「いい香り。どこの香水？」

と訊いてみると、

「香水はつけていないの。つけているのはボディローションとボディミストだけ」

とのこと。

それぞれ別のブランド、別の香りのものを使っているそうです。

そうすると、オリジナルの香りになりますね。

南仏に住む友人も香りをまとうのが上手です。

彼女が使っているのは、近くの修道院で作られている蜂蜜とハーブの石けんと、障害者の施設で作られているオー・ド・トワレ。石けんは修道院の庭で育てられたラヴェンダーやタイムが入っていて甘い香り。オー・ド・トワレは南仏のフレッシュなグリーンノート。

どちらも手作りで、街のお店では売っていない限定品。作り手のぬくもりが伝わってきます。

そして地域のために貢献できるところもいいですね。

見えないものを身にまとうことによって、あなたの内面から醸し出される美しさがいっそう引き立ちます。

退屈な美人よりイキイキした魅力ある人がモテる

「とにかく**レティシア**ってモテるのよね」

「男女関係なく好かれてるの」

という話を聞いていたので、本物のレティシアに会った時は拍子抜けしたものです。

勝手にレティシアはゴージャスな美女、というイメージを持っていたのです。

背が高く細身でロングヘア、整った白い歯並びというモデルのような女性かな、と想像していました。

ところが本物のレティシアは、特に人目をひく美貌でもなく、少し太っていてカーリーヘア。

私が想像していたセレブのような女性ではありませんでした。

でも、とっても個性的。


アーモンド形の目を強調するように引かれた黒いアイライン、コーラル色の口紅が白い肌に映えています。黒のニットのワンピースに朱赤のタイツ、花柄のスニーカーという独特のスタイルも似合っています。

その日は、レティシアが勤めているインテリア用品のブティックで展示会があったのです。南米から輸入された織物が並び、それを作った職人さんたちが招かれていました。

レティシアは司会、進行役を時に情熱的に、時にユーモラスに、見事にこなしていました。


(頭がいい人なのだろうな。だからモテるのかしら)

流暢なスペイン語で通訳していたのを見て、そう思いました。

豊かな表情、話し方から、静かだけれど何か強いパッションが伝わってくるのです。

それに何といっても、イキイキとしているところ。

相応しい時に、相応しい場所で相応しいことをしている彼女は、水を得た魚のよう。

「レティシアの持っているエネルギーが大好きなのよね」

グレイヘアにワインカラーのメッシュを入れた、スタイリッシュな70代のそのブティックのオーナーが呟くように言いました。

エネルギーは伝染するのでしょう。

お人形さんのような美人でも、見ているだけならいいけれど、それだけでは退屈です。

見た目より中身。でも外見も大切。

どちらもレティシアは魅力的です。

30代半ばで、これまで恋人と暮らしていた時期もあったけれど現在は独身。

モテると聞いていた彼女に現在、恋人がいない？

疑問に思ったので、訊いてみました。

「あなたはすごくモテるっていう評判だけど」

「それは正しくないわ。私の方が人を好きなの」

その答えに考えさせられました。私は人が好きと言い切れるかと。


レティシアは幼い頃、家庭の複雑な事情で施設で育ったそうです。

その後、裕福で知的階級のカップルの養女となりました。

「今、家庭を築くということを真剣に考えている」

「私の人生はラッキーだったと思う。色んな経験ができたし、別れた親にも私を育ててくれた両親にも感謝しているの」


レティシアの心の深さは、話しかけやすい雰囲気、人をそのまま受け入れてくれそうな温かみのある笑顔に現れています。

「マサコ、また会いましょうね」

と帰りがけに挨拶に来てくれて、レティシアの魅力の謎が解けたような気がしました。

彼女は、また会いたいと思う人でした。

口が軽い女性は
セクシーじゃない

世の中には、黙っていた方がいいこともあります。

沈黙は金、というけれど、それは本当のことなのです。

私は表裏がないの、と自分の正直さをアピールする女性もいますが、それではただのお子さま。

大人の女性の魅力とはほど遠いものです。

何もかもあけすけにぶちまけることと、オープンマインドであることは違います。

ここフランスでは、いきなり他人にプライベートなことを質問したりしません。土足で他人のパーソナルな部分へは踏み込まない、という不文律があるのです。

そういうことは、時間をかけてゆっくりと進めていくのです。

決して焦ったりせずに。

パーティーでも、すぐに名刺を配り合うという光景も見られません。

「おいくつですか」

「お仕事は」

「恋人はいるの？　結婚していますか」

「子どもは？」

「出身はどちら？」

「どこの学校を出ているのですか」

こういうことをストレートに尋ねたりしない代わりに、また、名刺を交換しない代わりに、芸術や本や科学、最近の社会の話をしたりするのですね。

そんな話をしながら、徐々に相手の情報を知り、自分のこともどこまでさらけ出すかを探っていくのです。

「それってまわりくどいのでは？」

そんな私の疑問に、

「それが、お互いを尊重しながら距離を縮めていけるベストな方法なのよ」

と答えてくれたのは**シルヴィ**。

「初めから多くを知ってしまえば、謎はなくなり、結果、魅力は色あせてしまうでしょう。その人のことをもっと知りたい、という欲望がなくなってしまう」

と。

確かに。いきなり自分の複雑な生い立ちを語り始められたら、過去の恋人となぜ別れたのか、そのトラブルの内容を詳しく語られたら？　引かれてしまうでしょう。

それは男女間だけに限らないそうです。

「仕事場でも友だちの間でも親子でも、同じことなの」

フランス女性は、ミステリアスな存在でいることの大切さを本能的に知っているような気がします。

シルヴィの年齢は知りませんが、多分50代半ばくらいかな、と思います。本人に聞いたのか、それとも人づてなのか定かではありませんが、2度の離婚歴があり、初めの夫はアメリカ人。そして2度目の夫は建築家だったとか。ミステリアスな魅力が漂う人です。

といっても、気取っているわけでもなく、思わせぶりなわけでもない。飾らない、自然体でいて、なおかつミステリアスな部分を感じさせるのです。

ある共通の知り合いのカップルが離婚した時のこと。そのカップルが離婚にいたるまでの、不倫や裏切りといったドロドロとしたドラマを始めから知っていた彼女ですが、ひとことも余計なことは言いませんでした。

他人のうわさ話をすることもなかったのです。

悪いニュースをわざわざ率先して伝えない。

人の秘密をしゃべらない。自分のことも語りすぎない。

「私は余計なひとことが多くて、それで失敗してしまうことがしょっちゅう」という人も、しゃべりすぎないこと、沈黙を守ることで、気持ちにゆとりが生まれます。

ぜひ、試してみてください。

あなたという女性にミステリアスな雰囲気、魅力が生まれますよ。

第5章

フランス式　生活を楽しむ術

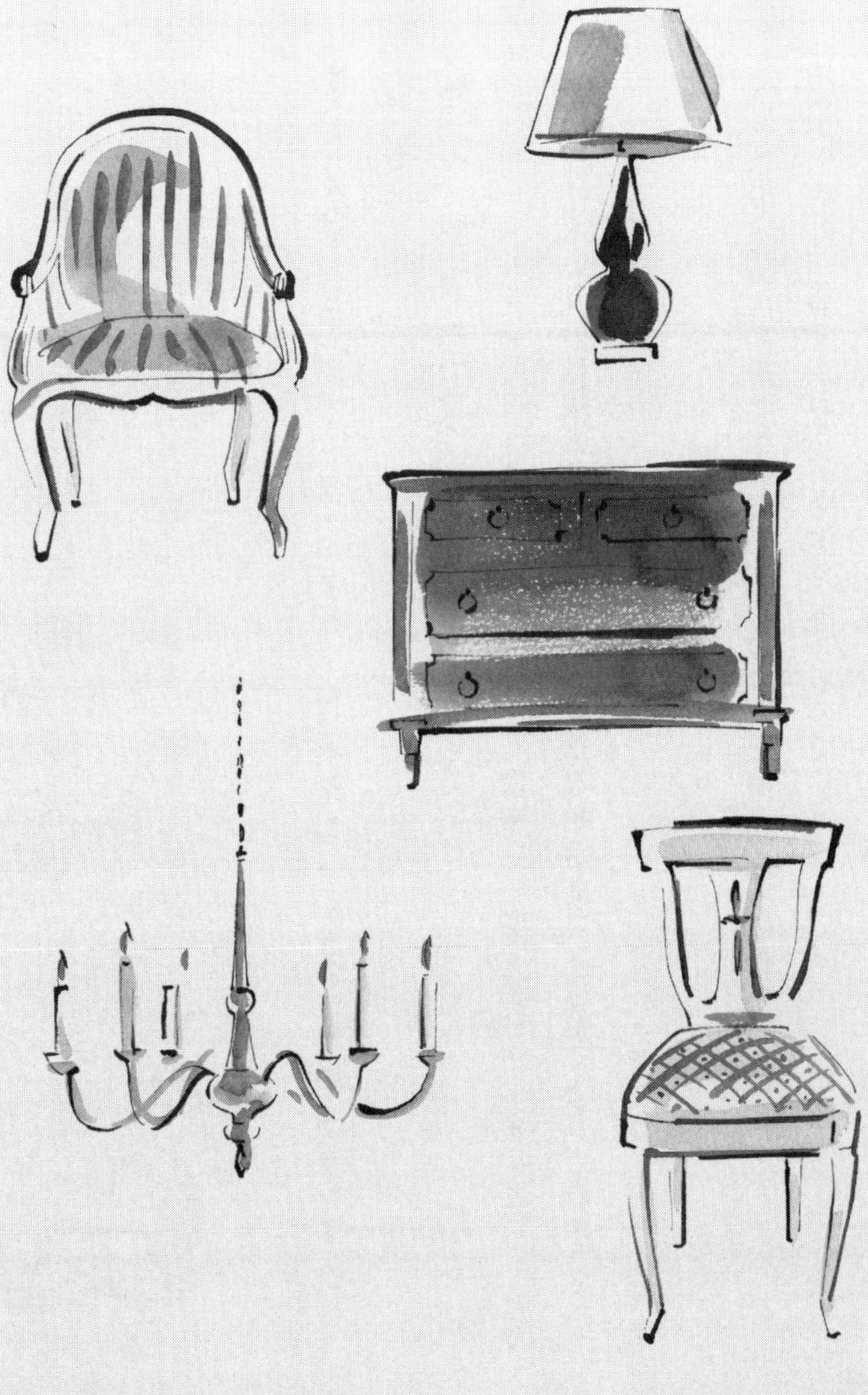

定期的に人を招く

Passez à la maison?（パセ・アラ・メゾン？　家に来ない？　の意味）とは、フランスではよく聞く言葉。

文字通り、自宅においでください、ということです。

カフェやレストランで会うより、一歩も二歩も親密さが増す感じがしますね。

自宅に招くというのは親密さの証であり、豪華なレストランに招くより、心のこもったおもてなしとされています。

フランスの生活にかかせないのが、この「人を招く、招かれる」こと。

社交が生活の一部でもあり、文化でもあるのです。

誰かの家に招かれたら、こちらも招き返す（必須ではなく、なるべくですが）という暗黙のルールも存在します。

いいえ、ルールになっていなくとも、人間には、誰かに何かしてもらったらお返ししたくなる、という心理がありますから、招かれたり、招いたり……が繰り返されるというわけです。

人を招くということは、招かれる側、招く側の双方にメリットがあるのも、いいところだと思います。

誰かの家に招かれれば、その家のインテリアのセンス、料理の出し方やレシピなど、必ず何かいいな、これは見習いたい、とヒントになることがあります。

その場で初めて会う他のゲストと話が弾んだり、新しい出会いが生まれることもあるでしょう。

そして、ホストの人柄に感謝するでしょう。

一方、人を招くのがいいのは、何といっても、お客さんの立場ではなく、自分が主導権をもって人をもてなせる立場に立てること。

招く人の顔を思い浮かべながら、その人に喜んでもらえるようにあれこれ考えて実行すること。

家が片付いて、きれいになるのもいいですね。

今日は誰かが訪ねてくる、という予定があると、行動が早くなる私です。普段なら「明日にしよう」と先延ばしするのに、考える前に掃除機をかけるし、テーブルの上にある積み上げられた本や郵便物も片付けてスッキリ。

テーブル・セッティングにも気を遣います。

洗濯物も出しっ放しにはしません。

キッチンはピカピカに。バスルームは、もちろん念入りに掃除します。

窓を開けて空気を入れ替えリフレッシュしたら、花を飾って、大切なお客様を迎え入れるのです。

これを普段でもできればいいのですが。
お客様のためではなく、自分のためにできればいいけれど、と考えていたら、
ふと、つけたラジオ番組で誰かが、
「自分自身のことを世界で一番大切な人としてもてなしましょう」
と語っているではありませんか。
きっと天の声なのだろう、そう思いました。

※

ひとり暮らしの**アリエル**は、自宅によく人を招いています。

日本なら１ＤＫというところでしょうか、決して広くはないアパルトマンです。

それでも、彼女は年に一度は、30人以上を招待するパーティーを開くそうです。

普段でも週末になると、数人をディナーやランチに招待しています。

時には、お茶やアペリティフだけということもありますが、定期的に人が訪ねて来ています。

アリエルの住まいは、ひとりの空間なのに同時に人の気配があるのです。

ある時、アリエルから「お茶を飲みに来ない？」と誘われました。

あいにくその日は、コンサートに行くことになっていたので、残念だけど次の機会にするわ、そう告げると、

「それなら、ちょうどいいわ。コンサートの前に私の家でアペリティフを飲んでいったら？」

コンサート会場から10分ほどの場所なので、もちろん私が、その素敵なお誘いを承諾したことは言うまでもありません。

アリエルの住まいは1階なのですが、目の前が公園という恵まれたロケーションになっています。

テラスから見える公園は、ちょうど新緑の季節で緑が眩しい。

まるで、公園全体が彼女の家の庭のようです。

何と贅沢な借景なのでしょうか。

ブルーと白でセンス良くまとめられた部屋は、いつ来てもすっきり片付いています。

テーブルの上にはシャンパン、白ワイン、ポートワインなどのお酒、オリーブやプチ・トマト、セロリのスティックなどがきれいに並べられていました。

私はコンサート中眠ってしまわないように、お水を1杯、いただきました。

「いつも、綺麗に暮らしているのね」

「そうね。定期的に人を招くようにしているのもいいのかも」

やはり、そうなのかなと思いました。

「家が片付くというより、人の気配がするというのがいいのよね」

と彼女は続けます。

「それに習慣になっているというのもあるし。彼と暮らしている時からだから、それがひとり暮らしになっても続いているというわけなの」

彼とは、長い間一緒に暮らしていた建築家のパートナーのことでしょう。

その時は毎週のように、人を招いていたそうです。

今は、ひとりで生きるリズムが快適というアリエル。

新しいロマンスが始まっているようですが、一緒に住むつもりはないらしい。

それぞれの家に戻るというのが理想、と言います。

「今一緒に暮らすのは、この子が一番。この子も久しぶりにマサコに会えて喜んでいるわ」

アリエルは、グリーンの瞳をもつ白いペルシャ猫を抱きかかえていました。

嬉しいことを言ってくれますが、猫のミケットは私になついてきてくれたことは一度もありません。

完全に片思いの関係なのです。

「来てくれてありがとう。今夜のコンサート楽しんでね」

お礼を言うのは私の方なのに、と思いながらアリエルのアパルトマンを後にしたのでした。

私がそこにいたのは、ほんの30分ほど、それもお水を1杯飲んだだけですが、とても豊かな気持ちになりました。

人を招くことって、そんなに難しく考えなくてもいいのかもしれません。

何人も招いてホーム・パーティーを開くのは大変でも、ひとりを招くことはできそうですよね。

それに大切なのは、お洒落なインテリアや飲み物の種類ではなく、「私のプライベートな空間にあなたをお招きしたいのですが」というオープンマインドな心の態度ではないでしょうか。

あなたも気負わず、気軽な気持ちで人を招いてみませんか。

自分のために花を買う

時々通りがかるフローリスト。

色とりどりの花がフランスでもよく見かけるチェーン店ではなく、個人経営の店のようでオーナーの趣味の良さが窺えます。

パリで生け花を教えている日本人の友人からも、「あそこのお花はいいわ。花もセンスも一流、お値段もだけれど」と聞いていました。

プロも認めるほど一流のお店のようです。

どうも分不相応な気がして、私はそこで花を買うことはありませんでした。

たまにお店の前を通るだけで満足だったのです。

ところがある時、お世話になっていた日本人のご夫婦がパリを離れ日本に完全帰国することになったと聞きました。

その送別会に招かれていた私は、

（そうだ、あのお店でブーケを作ってもらおう）

と思いつきました。

ちょうどいい機会だと思ったのです。

住宅街の一角にあるその花屋さんの白いドアを開けて、中に入っていくとレジの前で花束を作ってもらっている人がいます。

よく見ると、その若い女性は**クラウディア**ではありませんか。

南米出身のクラウディアは、友人宅で家事を手伝ったり娘さんの面倒を見たりしています。

彼女はちょうど花束を包んでもらっているところでした。

グリーンがかったピンクの薔薇は私も前からいいなあ、と思っていたのです。

「今日はマダムのお家でパーティーなの？」

彼女は違う、という合図に手を振りました。

「じゃあ、今日はおよばれ？」

するとクラウディアは、ノン、ノン、これは私のためよ、と自分を指差したのです。

私はてっきり、仕事先のマダムからお使いを頼まれたのだと想像していました。

あるいは、その花束を持って誰かの家を訪ねるのだろうと。

かつて彼女から、故国を離れて物価の高いパリで暮らしていくのは大変だ、と聞いたことがあったのです。

でも、彼女は自分のためだと言います。

私が憧れていた花屋さんで、素敵な花束を自分のために買っている彼女。

私だったら他人のためならためらいなく、一番好きでいいな、と思う素敵な花束を買います。

それなのに、自分のためとなると、躊躇してしまって買えないでいました。

このお花が好き、という理由ではなく、値段が気になってなるべく安い方を選んだり。

素敵なのは、自分のために花を買うクラウディアです。

ブーケを抱えてお店を出て行くクラウディアの笑顔は、ブーケに負けないくらいの美しさでした。


女性にとって、好きな人から贈られるお花は嬉しいものです。

自分が大切にされていると感じることができるからでしょう。

それならば、自分に花を贈るというのも、いいアイデアではないでしょうか。

自分で自分が大切な存在であることを伝えてあげるのもいいものです。


高級店のブーケである必要もありませんし、一輪の花でもいいものです。

私も今ではクラウディアのように、自分のために花を買います。

先日は街角に立っている青年から、リラの花を買いました。

リラ（ライラック）は、フランスでは春の訪れを知らせてくれる花。

淡い紫の色と良い香りに、しばし癒されます。

住まいの空間には
こだわりを持つ

あなたの家は、帰ってくるとホッとする居心地のいい空間ですか。
不要なものは処分して、気に入っているものだけに囲まれて暮らしていますか。
あなたは、自分が住みたいと思う、好きな場所に住んでいますか。

パリの不動産が高くて狭いのは、世界中の大都会と同じ。
理想の住まいのすべてを求めるのは不可能といってもいいでしょう。
今までたくさんのパリジェンヌの暮らしを見てきましたが、それでも工夫して
居心地のいい空間を作っています。

あるカップルの家を訪れた際、とても洗練された空間でうっとりしていると、

「このアパルトマンにあるものは、ほとんど貰い物か拾ってきた物なんだよね」

というご主人。

まず、お金を出して買ったものはないとか。

私は耳を疑いました。そんなことがあるのかと。

夜になると夫婦二人でパリの街を彷徨《さまよ》い、決まって掘り出し物を見つけてくるそうです。

「次はソファかランプね、と案じていると本当に思い描いていたようなものが見つかるのよ」

しかも、お店ではなくパリの街角で。

一方、壁にかかっている絵はお気に入りの作家のもので、こちらにも情熱を注いでいます。

※

「これで、ようやく自分たちの家になってきた」

近所に住むカップル、レストランを経営する**アンドレとコリーヌ**は胸を張って言います。

彼らは元ガレージだった建物を購入して、住まいに改造。

ほとんどの内装を2年以上かけて自分たちで行いました。

こうなると、ブリコラージュ（大工仕事）が趣味、というよりプロの領域です。

その甲斐あって彼らの住まいは、モダンなロフトに生まれ変わりました。

もはや、ガレージだったという面影はありません。

私はプロ仕様のキッチンに「さすが」と目を見張りましたが、アンドレの自慢は中庭に植えたバンブー（竹）だそうです。

「テレビで京都のお寺を見ていいな、と思って」

彼らの庭は、数年後には竹林になっているかもしれません。

住まいにこだわり、快適に美しく暮らすことを実践しているのは、ひとり暮らしの女性も同じです。

数人の友人と共に**セリーヌ**のアパルトマンを訪れる機会がありました。

ムードたっぷりの蔦の絡まる瀟灑《しょうしゃ》な外観に、「素敵」と声が上がります。

しかし、古い建物にはエレベーターがなく、6階（日本風に言えば7階）の部屋までたどり着くには、急ならせん階段を上がっていかなければなりません。

もう、それだけで目が回りそうです。


「どうぞ。狭いところだけれど」


セリーヌに促されて部屋に入ると、確かに狭いスタジオでした。

でも、私は彼女が入れてくれたハーブ・ティーを飲んでいる内に、だんだん心地よい空間だなと感じていました。

近くの教会から聞こえてくる鐘の音を聞きながら、壁に貼られたセリーヌと子どもたちが写った沢山の写真を見ていました。


セリーヌは、離婚調停中ということ。

詳しい事情はわかりませんが、彼女はそれまで住んでいた家を出てひとり暮らしをしているのです。

前の年までは、家族とともに300平米を超えるアパルトマンに住んでいたといいますから、今の住まいとの落差は大きいでしょう。

それでもセリーヌは、本物のアンティークの食器やグラスを使い、窓辺には花の鉢植えを並べ、窓にはドレープをたっぷりとったシックな赤いカーテン、ソファには手作りのカバーをかけて、美しく暮らしていました。

たとえ仮住まいであっても、こんなにも住まいに情熱をかけるなんてと驚きです。

家が狭いと諦めるのではなく、色々な工夫をして自分らしく居心地のいい空間にしてしまう、その熱意と行動力には敬服します。

理想の住まいを探すというより、住まいを理想に近づけるのですね。

「家は一番大切。自分に戻れる場所だから。だから居心地のいい空間でなければ」

セリーヌのように、どんな状況であっても美しく居心地よい暮らしを諦めないことが大切だと思うのです。

人をもてなして、自分の社交界を作る

ある冬の週末、夫と私はパリからノルマンディー地方に向かって、車を走らせていました。

2時間半ほどのドライブですが、海辺の小さな村に着くと、パリの喧噪とは全く違う世界が広がっています。

この小さな村も、夏のヴァカンス時には海岸線にパラソルがずらりと並び、華やかな光景だったことでしょう。

それがシーズンオフの今は、行き交う車の流れも人々の歓声も遠く、ひっそりと静まり返っています。

季節外れの避暑地のさびれた雰囲気に、私は心ひかれてしまいました。

なぜか、落ち着くのです。

ノルマンディー地方独特の重厚な木造りの建物。

カモメの鳴き声。潮の香り。

そして、どこまでも続く青灰色の冷たい海。


この素敵なノルマンディー地方にある別荘に招待してくれたのは、友人の**ニコル**。

といっても、別荘の持ち主であるニコルは不在なのです。

そして別荘といっても豪華なものではありません。

古い邸宅をアパルトマンに改造したもので、その中の一室がニコルの別荘なのです。リビングに寝室がひとつ、というこぢんまりとした作り。

サロンには初めてここを訪れた人も快適に滞在できるように、手作りの親切な説明書があり、ゲストハウスのよう。

冷蔵庫には、シャンパンのボトルが冷えています。

ゲストブックには、ここに泊まった人たちのお勧めのレストランやブティックの情報がありました。

もちろん私たちは早速、その夜、ゲストブックに載っていたシーフード・レストランに行き、土地の美味しいオマール海老を堪能したことは言うまでもありません。

ニコルは、こうして自分の別荘を自分が使わない時に、友人たちに開放しているのです。

これも、立派なもてなしですよね。

もてなし上手な女性というと、まず浮かぶのが彼女です。

ニコルは自分が行きたいと思う美術館の展覧会やコンサート、お芝居などがあるとチケットを2枚買っておくそうです。

1枚は自分用、もう1枚は誰かを招待するために。

そうすると誰かしら一緒に行く人がいるそうです。

これを聞いた時、いいアイデアだな、と思いました。

例えばコンサートに招待されたら、では食事は私が、ということになりますよね。

あるいは、次回は私がどこかに招待する、と。

私たちには、誰かに何かしてもらうと、お返ししたいという本能がありますから。

こうして人間関係はスムーズに行くし、おつき合いも続いていくという訳です。

彼女は自宅でホーム・パーティーをよく開いています。

少人数のこぢんまりとしたパーティーだったり、時には何十人も招く大掛かりなことも。

いつもニコルに何かしてもらうばかりで気がかりだったのですが、先日、日本にやってきたニコルと京都で会い、私のお勧めの散歩コースやレストランに案内することができました。

こうして、もてなし上手なニコルの周りには、素敵な人たちが集まっています。経済界、ファッション界、音楽界、美術界など各分野で活躍している人たち。あたかも、ニコルを中心に、ひとつの社交界ができあがっているように見えるのです。

そんな様子を見ていて、私は思います。

社交とは、決してテクニックではないと。

彼女の人を気遣う優しさ、思いやりの気持ちを表す素早い行動力、そういった心の深さこそが、人々を惹きつけるのではないでしょうか。

大切なのは、受け身ではいないことです。

招かれる人ではなく、招く側になること。誰かに何かをしてもらうのではなく、与える人でいることです。

このマインドが理解できたら、あなたも、別荘がなくても、自宅でパーティーを開けなくても、人をもてなすことはできます。

誰かの良いニュースを聞いたら、真っ先におめでとうを言う。

用事がなくても、友人に短くて感じのいいメールを出す。

相手の負担にならないような小さなプレゼントを用意しておく、など。

「あなたのことを考えています」

「あなたがいてくれるだけで私は嬉しいです」

そんなメッセージが伝わったらいいですよね。

ウイークエンドは田舎で過ごす

あなたが都会で暮らしているのだったら、知らず知らずの間にストレスが溜まっていることでしょう。

都会の生活は刺激があって楽しいけれど、慌ただしく、絶えず何かに駆り立てられているように感じることはありませんか。

ストレスフルな状態でいると、苛々して仕事にも集中できなくなる、何事にも関心がなくなって好きなテレビ番組を観ていても面白いと思わない、など心身の不調に繋がってしまいます。

もちろん、美容にも大敵です。

いつまでも若々しく美しくいたいなら、高価な美容液やエステに時間やお金を費やすよりも、まずストレスを減らすこと。

それには、時々、都市を脱出して田舎の空気に触れることが有効です。

そのことをパリジャンは知っているのでしょう。

週末は田舎で過ごすというスタイルは、すっかり定着しているようです。


知り合いのカップル、**ジャンとパトリシア**は、ほとんど毎週末、パリから2時間ほどの距離にある「名もない小さな村」にある家で過ごしています。

「有名なリゾートでもない。とにかく何もない、ただの普通の田舎よ」

とパトリシア。

それこそ、本当の贅沢だと私は感じます。

彼らは田舎の家の庭で野菜を作っているそうです。

夕食には近所の農家や牧場で仕入れた肉やチーズと共に、自家製の野菜を使った料理が並びます。

「サラダの葉っぱ1枚でも、味が全然違うんだ」

田舎で週末を過ごすことが、オンとオフの切り替えとなっているのですね。

パトリシアが続けます。

「月曜日からまたパリで頑張ろうという気になるの。そのためには往復4時間の車の運転や、パリに戻る日曜日の夜の交通渋滞も気にならない。庭の雑草を刈ることも、暖炉の薪を切るのも」

大変なこともあるけれどね、とお茶目に笑っていました。

とはいえ、誰もがメゾン・ド・カンパーニュ（田舎の家）を持っているわけではありません。

もっと気軽なことでも十分、効果があります。

週末には、よくピクニックをするというのは友人の**ヴァレリー**。

パリからほんの少し車を走らせれば、美しい田舎の風景が広がっています。

新聞を持って、パリ郊外のヴェルサイユの森やランブイエの森までドライブ、森に着いたら、好きな場所に腰を下ろして持っていった材料でサンドイッチを作り、新聞を読みながら食べるのだそうです。

我が家でも、以前同じことをしていました。新聞を読み終わったら帰ってくるのですが、それだけでも気分がリフレッシュされます。

麦畑を見たくて、ヴァン・ゴッホの終焉の地として知られるオーヴェル・シュル・オワーズまで行ったこともあります。


車を処分してしまった今は、田舎に行くのが難しくなりました。

そこで、気分だけでも田舎にいられるように、近所の公園でのんびりしたり、ピクニックをしたりしています。

そんな風に、都会にいながらも田舎にいるような気分になることは可能なのです。

要はショッピングなどの消費活動ではないことをするのがポイントでしょうか。お金を使わなくても人生は楽しめると理解できるのは、大きな発見になるでしょう。

ウイークエンドを田舎で過ごすうちに、実際にパリから田舎へ引っ越してしまったのはルイです。

元々絵が得意で画家志望だった彼ですが、パリでのサラリーマン生活に別れを告げて、ノルマンディーの田舎にアトリエ兼住まいを借りてしまいました。

「どうせ上手くはいかないだろう、すぐにパリに戻って来る」

という周囲の声にも耳を貸さず、自分の意志を貫いた彼は、今では画家でありレストランの共同経営者になっています。

いつもとは違う場所で、いつもとは違う週末を過ごす。それによって私たちのこころの声が聞こえるかもしれません。

ヴァカンスの本当の効用とは？

フランス人はヴァカンスのために働いていると言われるほど、休むことに重きを置いています。フランス人にとってヴァカンスは義務。

フランス語の先生から、ヴァカンス（vacances）という言葉の綴りはいつも複数形です、と聞いたことが今も頭に残っています。

（つまりお休みが1日だけではヴァカンスにならないということね。最低2日以上？　長ければ長いほどいいということなのか。フランス人らしい）

と解釈していました。

ずっと昔、私がフランス語を学ぶためにホームステイしていた貴族の家庭では、マダムがヴァカンス専用のノートをつけていました。

そこには過去に出かけたヴァカンスの場所、そこから出かけたレストランなどがぎっしり書かれていました。

これから行こうと思う場所や予算などの項目もあり、そこまでするのかと驚いたものです。

フランス人にとって、ヴァカンスがそんなに大切なのかと改めて疑問に思って、パリで英語を教えているアメリカ人の**キャシー**に聞いてみました。

キャシーはニューヨーカーで金融の世界で働いていましたが、病気になって退職。

それからパリに引っ越して来て英語の先生になりました。

私は2度、違う人生を生きているの、とよく言っています。

「やっぱりアメリカ人（ここでは金融関係で働いているニューヨーカー）と日本人は働きすぎだと思う」

キャシーが言ったのは、フランス人についてより、まずアメリカ人と日本人のことでした。

「休みが少ないから、たった数日の休みにものすごくお金をかける。高級ホテルに泊まって、高級なレストランで食事をして、ショッピングして」

言われてみれば、確かにそうです。

もしお休みが1ヶ月もあったら、同じことはできないでしょう。

だからフランス人にとっての理想のヴァカンスは、日常の暮らしの延長、時々は外食するけれど、買い物をして料理を作って食べる、というもの。

場所が変わるだけで普段と同じ生活をするのです。

「私は2週間はフランスの田舎で家を借りて、普段通りの生活をするの。それが本当にいいの。リ・クリエイションていうけれど、休みをとると新たに創造的になれる。だからヴァカンスをたっぷり取る彼ら（フランス人）はクリエイティヴなのよ」

その話を聞いて、思い当たることがありました。

水泳の練習をしていてもずっと練習しつづけるより、一旦休んでジェットバスに入って体を温めてリラックスしてから、もう一度、練習に戻った方が上達したものです。

何か書き物をしている時も、煮詰まってきたら、一度書くのを止めて散歩に出かけます。すると新たにアイデアが湧き、また書き続けられるようになります。

ということは、疲れたり、煮詰まってしまう前に休みをとればいいのです。

走り続けるばかりでは、エネルギーが消耗していくだけ。

クリエイティヴではいられません。

皆さんも勇気を出してプチ・ヴァカンスを取ってみてはいかがでしょうか?

深刻ぶらずに笑顔で切り抜ける

フランス人はラテン民族だからでしょうか、楽天的な人が多い気がします。良いことも悪いことも、忘れやすい（その割には根にもつけれど）。何があっても、ケ・セラ・セラ（何とかなるさ）、セ・ラ・ヴィ（それが人生というもの）、と肩をすくめて、自分に言い聞かせようとしているような。

人生には思いがけないことが起こるもの。

友人宅で開かれたパーティーで、こんな話を聞きました。

身寄りのない、あるお金持ちのマダムが80代半ばで亡くなりました。

その老婦人の遺産を相続することになっていた女性ですが、何と1ユーロも相続できなかったのです。

ヌイイ（パリ近くの高級住宅街）の土地、フォンテーヌブローの別荘、預貯金など数億円は軽く超えるという財産です。

口約束ではなく、ちゃんと文書にしていたのに、それは法的には有効ではなかったとか。

30年以上も、そのわがままなマダムに仕えていた女性が相続するはずだった財産は国に没収されることになったのです。

田舎からパリに出て来て初めは学生としてマダムの家に下宿していた女性は、以来その家に住み続けていました。

しかし、そこも出ていかなければならなくなったそうです。

「そんなことってあるのかしら？　彼女ってツイていないわね」

その話を聞いて私は言いました。

世の中には思いがけず巨額な遺産を相続することになった、なんて景気のいい話もあるのに、本当に人それぞれです。

「ああ、それって私のことなのよ」

突然ピアノを弾いていた女性が、笑いながら言ったのでびっくり。

それが**サンドリーヌ**です。

「そうなんだ、彼女のことなんだよね」

友人のピエールが改めてサンドリーヌを紹介してくれました。

彼女の話から、マダムはかなりエキセントリックな女性だったことを知りました。

サンドリーヌは娘のように可愛がられたかと思うと、奴隷のように扱われたりしたそうです。

残ったものが、歯ブラシスタンドとクリスタルのグラスひとつだけだったとは。

でも、サンドリーヌは淡々と、

「だってしかたないわ」

「私は生きているんだし、何とかなる」

と言っていました。

本当にその通り、真理です。

生きているだけでも奇跡、という言葉もありますしね。

億万長者になりそこなってしまったサンドリーヌですが、陽気さは変わらず。

彼女の本心はわかりませんし、そんな心境になるまでには葛藤があったのかもしれません。

それでも、楽天家であって悪いこと、損をすることはありません。

彼女のように、ちょっとした失敗から深刻な事態まで、笑って切り抜けられたらと思います。

それには、ユーモアのセンス。考え方を切り替えられること。言葉を変えてみる。そんなことが大切でしょう。

私も日々、鍛えているところです。

ダイエットより食べる歓びを

フランス女性は太らないというけれど、本当はどうなのでしょうか。

私の見るところ、フランス女性とひとくくりにするより、土地柄やライフスタイルにもよるのでは、という気がします。

田舎のアメリカ式の大型スーパーマーケットに行くと、太っている女性（もちろん男性もです）が結構います。

本家アメリカほどの肥満率、ボリュームではありませんが、あきらかにパリジェンヌより比率が高い。

車で大型スーパーに行き、大きなカートで買い物をするうちに太ってくるのでは、と仮説を立てたほどです。

車で移動していると運動不足になりがちですし、大型スーパーでまとめ買いするということは、その分、沢山食べてしまう、つまりカロリーオーバーになりがちです。

アメリカ郊外型とは反対なのがパリでしょう。

街が小さいので歩きますし、まとめ買いより少しずつ買うスタイルの人が多いのです。

そう言われてみれば、私の周囲のフランス女性で明らかに太っている女性は見当たりません。

痩せすぎでもありません。

「○○ダイエットっていいわよ」

など、ダイエットの話に花が咲くこともありません。

近所のリセ（高校）から出てくるマドモアゼルたちもスリムな体型で、細身のパンツをはきこなしています。

フランスといえば美食の国。

そしてフランス料理といえば、バターやソースを思い浮かべます。

高カロリーですが、それでも太らないのはなぜ？


心理カウンセラーの**ナディア**は普段は車で通勤しているし、ジムにも通っていませんn。

特別な運動もしていないし、ダイエットもしていません。

犬の散歩もご主人か娘さんの役目。

一緒にレストランに行くと、いつも前菜からデザートまで食べています。

彼女の手料理を何度もごちそうになっていますが、カロリーやダイエットに気をつけているような感じもありません。

それでもこの20年、彼女の体型は変わらないのです。

相変わらずスマートな体型だけでなく、若々しさも美しさも維持しています。

ナディアだけではなく、50代のご主人も大学生の娘さんも一家揃ってスマート。

彼女に、いつまでも太らない秘訣を訊いてみると、
「あら、その質問はそのまま、あなたたち日本の女性に返したいわ」
と言われましたが、さらに訊いてみたところ、

・食事を抜いたりしない。
・好きなものは我慢しないで食べる。
・なるべく多くの旬の野菜と果物を食べる。
・カロリーやダイエットのことは考えない。
・オイルや調味料などはオーガニックのものを使う。
・基本的にファストフードや冷凍物は食べない。
・バランス良く食べる（毎日、肉が続かないようになど）。

どれも基本的なことばかりながら、とりわけバランス良く食べることに気を遣っているそうです。

「レストランで高カロリーなものを食べたら、前後で調整するようにしているわ。次の日の朝はリンゴだけにするとか、パンやチーズ、デザートは食べないとか、ちょっとしたことに気をつけるだけ」

健康的で美味しいものをバランス良く食べること、太らない秘密はシンプルなことのようです。

※

だけど、本当は食べすぎちゃいけない、できれば避けた方がいいのだけれど、どうしても止められない、やっぱり食べたいというものがあなたにもあるかもしれません。

フランス語でペシェ・ミニョンという言葉は「可愛い罪」「私の目のないもの」という意味。

あなたにとって目のないものは？

という問いには、甘いものを挙げるフランス人がやはり多いようです。

ナディアにとってはチョコレート・ムースやクロワッサンですが、

「クロワッサンを朝食に食べるのは週1回、日曜日の楽しみにしているの。夫に買ってきてもらうわ」

クロワッサンはバターたっぷり。週に一度と決めておけば、メリハリがあっていいですね。

日曜日の朝、パン屋さんにクロワッサンを買いに来る男性がたくさんいるのは、同じような家庭が多いのかもしれません。

「チョコレート・ムースは好きなお店のものがあるから、時々、わざわざ食べに行ったりするの」

わかります。

あれは体に悪い、それはダイエットの敵と我慢しているより、時には「私の目のない大好きなもの」だから食べる。

たまにする贅沢のように。

好きなものは罪悪感なく食べる方が、心身の健康にもいいに決まっています。


このような話を聞いていると、ダイエットとは痩せるための食事制限ではなく、食べる歓びと両立できるものだとポジティブな気持ちになります。

さすがにエピキュリアン、享楽主義の国の人たちです。

彼女たちに共通するのは、いずれも量より質。

美味しいものを少し食べることで満足感が得られますし、何より「美味しい」「これが好き」という食べる歓びが一番大切だということでしょう。

ウィットに富んだ決め台詞で人を喜ばせる

日曜日の朝、マルシェの買い物帰りにひったくりにあってしまったという**シャルロット**。

生け花のレッスンの合間に、その時の恐怖を話してくれました。

深夜でもなく朝という時間帯、危険な場所というイメージではない住宅街での出来事なので、私は彼女の話を聞いていて恐怖に固まってしまいました。

ところが、その場にいた私以外の皆は口々に、

「良かったじゃないの！」

「シャルロット、あなたはラッキーよ」

と言っているではありませんか。

なくなったのはバッグと財布（の中身の現金）だけで、彼女に怪我はなかったということなのでしょう。

シャルロットの顔もだんだん明るくなってきて、

「そうなの。携帯と部屋の鍵はポケットに入れておいたから無事だった」

と微笑んでいました。

ただ、バッグは誕生日にボーイフレンドのジャンからプレゼントされたもので、それだけが残念だとか。

後日、彼女から、

「ジャンからも同じことを言われたのよ」

と聞きました。

「取られたのがバッグで本当に良かった」

と彼も言い、

「何より君の代わりになる人はいないんだからね」

とシャルロットを喜ばせる台詞で決めてくれたそうです。

さらには、バッグはまた新しいのを買いに行こう、とも。

こんな風に言われたら、嬉しいですよね。

それも愛する人から。

女冥利《みょうり》に尽きるのではないでしょうか。

マイナスなことの中にもポジティブな要素を発見することが、フランス人は本当に得意だなと思います。

もちろん不運な時だけでなく、良いことがあった時、そして何でもない時でも、人を喜ばせるような言葉や賛辞をおくることを惜しみません。

元々、議論好きでエネルギッシュな人たち、しゃべり始めたら止まらない人たちです。

加えて彼らは、幼い頃から「愛してるよ」と言われ続け、スキンシップいっぱいに育っていますから、惜しみなく愛情表現をすることをためらいません。

そこが口に出さなくても察し合う、という日本の文化に育った私には、難しいところ。

褒め言葉や優しい言葉を言うのも言われるのも、どうも居心地が悪くなってテレてしまうのです。

でも、これも慣れの問題ですね。

無理に、人を喜ばせよう、洒落たことを言おうとする必要はないと思うのです。

それより、悲しいことがあったら一緒に落ち込むより、その人の心に寄り添いながらも勇気づける姿勢を示す。

嬉しい時は、一緒に喜ぶ。

時には、その人以上に。

そんな風になれたら、と思います。

あとがき

かつてフランスは遠くにありて思う国、日本人がフランスに恋こがれていたものですが、時代は大きく変わりました。今や日本に憧れるフランス人が増えています。

それでもなお、日本の女性たちは言います。

「独特な個性と魅力をもっているフランス女性って、やっぱり憧れます」

長いことパリに住み、素敵なマダムたちと出会い、実際につき合う機会に恵まれた私は、長年彼女たちを観察してきました。結論として、生まれつきの容姿や社会的な地位、お金持ちかどうかなどとは全く関係なく、彼女たちは魅力的でした。

本書を執筆するにあたり、今まで出会ってきたフランス女性について改めて考えてみたのですが、フランス女性は、年を重ねてから女としての人生の本番を迎えるのだ、という確信をもつに至ったのです。

アンチエイジングなどものともせず、いくつであっても自然体で、人生を謳歌している彼女たち。

お洒落心も、そしてもちろん、恋心も忘れずに。

それだけではありません。

私には、彼女たちのひとりひとりが自分の美学を持っているように映るのです。

年を重ねるということは、ワインが熟成するようなものだというではありませんか。

願わくば、私たちも年齢を重ねるごとに、より味わい深く、香りたつような存在でいたいものです。

日本でも、大人の女性たちが大輪の花のように咲き誇る、そんな時代がすぐそこまで来ている、と感じます。大和撫子ならではの、たおやかなジャパニーズ・マダムは世界に通用するブランドとなるかもしれません。


最後に、この本に登場してくれたフランス女性たちに感謝いたします。あなたたちなしでは本書は完成しませんでした。

そして、いつも的確な助言をくださり、伴走してくださった幻冬舎の羽賀千恵さんに心より感謝を申し上げます。

また、この本の企画を生み出してくださった企画のたまごやさん、出版プロデューサーの森田剛さん、素敵なイラストで本に美と華やぎをそえてくださった永宮陽子さん、ありがとうございます。

読者の皆さまが、年を重ねるごとに、楽しく美しく活き活きと輝いて生きられますように。

企画協力　企画のたまごやさん
イラスト（カバー・本文）　永宮陽子（vision track）
ブックデザイン　小口翔平＋上坊菜々子＋喜來詩織（tobufune）

フランス女性は
80歳でも恋をする

2017年1月25日　第1刷発行

著　者　　野口雅子
発行者　　見城 徹
発行所　　株式会社 幻冬舎
〒151-0051 東京都渋谷区千駄ヶ谷4-9-7
電話　03-5411-6211（編集）
　　　03-5411-6222（営業）
振替　00120-8-767643
印刷・製本所　株式会社 光邦

ISBN978-4-344-03061-9　C0095
幻冬舎ホームページアドレス　http://www.gentosha.co.jp/

この本に関するご意見・ご感想をメールでお寄せいただく場合は、
comment@gentosha.co.jpまで。